# 为什么是苏格兰

## 现代化寻踪之旅

*Why Scotland*

张卓玉 著

商务印书馆
The Commercial Press

涵芬楼文化 出品

— 目录 —

小 引　　　　　　　　　　　　　　/ 1

一　为什么是苏格兰　　　　　　　/ 1
二　建筑之旅　　　　　　　　　　/ 7
三　博物馆之旅　　　　　　　　　/ 37
四　大学之旅　　　　　　　　　　/ 73
五　瓦特之旅　　　　　　　　　　/ 101
六　彭斯之旅　　　　　　　　　　/ 131
七　亚当·斯密之旅　　　　　　　/ 165
八　休谟之旅　　　　　　　　　　/ 199
后　记　　　　　　　　　　　　　/ 243

主要参考书目　　　　　　　　　　/ 245

# 小　引

---

去苏格兰旅行，是我多年以前就有的一个不大不小的梦，今年终于梦想成真。春夏之交，我和爱人以自由行的方式，在苏格兰的城市和乡村逗留了20多天。时间不算很长，但是，真真切切地说，感受满满，收获满满，思绪满满。

这样的结果是在我预期之中的。出发之前，我做了些功课。我希望尽可能地走我所想走，看我所想看，问我所想问，获我所想获。一路走来，真可谓心想事成，收获颇丰。接下来想做的事，就是动笔写点东西，以期留住记忆，也与更多的人分享观感。当然，写游记与旅游比，不知要枯燥多少倍；但是，我把它看成是旅游的延伸，看成是由"大饱眼福"到"大饱心福"的升华，也期待将个人的瞬间感受转化为可共享的文字。或许，这样更有意义。

可能有些读者不很熟悉苏格兰。苏格兰位于英格兰北部，是英国的一个组成部分。历史上苏格兰曾经是一个独立国家，1707年才与英格兰合并。今天的苏格兰，人口540多万，与福建厦门、山西运城人口相近，相当于我国一个中等地级市规模；面积7万多平方公里，与重庆、宁夏面积相近；首府爱丁堡，人口不足50万。在中国人眼里，苏格兰只不过是个弹丸之地。就大众旅游来讲，苏格兰确实算不上旅游首选，平常得不能再平常了。它既没有巴厘岛那样的迷人海滩，也没有凡尔赛宫那样的皇家宫殿，更没有埃及那样的千年古塔。如果有人不熟悉苏格兰，也确实在情理之中。

那么，苏格兰值得一游吗？值得关注吗？值得谈论吗？像我这样一本谈论苏格兰的小书，值得一读吗？

如果您有兴趣打开这本书，愿意读下去，或许能得到一些答案。

# 一　为什么是苏格兰

世界这么大，为什么独独选择苏格兰呢？出发前，我认真梳理了深度游览苏格兰的理由，以坚定我自己的信心，也以此说服和我同行的爱人。

理由一，苏格兰是高尔夫球的发源地，值得去看看。

我没有打过高尔夫球。高尔夫球运动之所以引起了我的兴趣，主要是这种运动的英文名称：golf。它由四个英文单词的首字母构成：green（绿色）、oxygen（氧气）、light（阳光）、friendship（友谊）。我不知道还有哪一种运动项目的名称能像高尔夫球这样温馨与高雅。苏格兰人发明了这项运动，制定了最早的高尔夫球场标准和比赛规则。资料显示，苏格兰的高尔夫球场数量居世界前列，平均每九千人就拥有一个高尔夫球场。苏格兰拥有闻名世界的高尔夫球博物馆，是全球高尔夫球爱好者的圣地。

我想知道，这种高雅的运动为什么会最早出现并形成于苏格兰？

苏格兰人为什么会如此钟情于高尔夫球？它的魅力究竟在哪里？

理由二，苏格兰是著名诗人彭斯的故乡，他的诗作《友谊地久天长》脍炙人口、享誉世界，值得去看看。

我最早是在看电影时听到《友谊地久天长》这首歌曲的。经典电影《魂断蓝桥》将《友谊地久天长》选为插曲，相得益彰，风靡全球。后来我知道，《友谊地久天长》的词作者是彭斯，一位苏格兰启蒙运动时期的著名诗人。

我想知道，是什么样的土地培育出了这样一位伟大的诗人，孕育出了如此情真意切的诗作？

理由三，苏格兰首府爱丁堡是联合国教科文卫组织称誉的"文学之都"，值得去看看。

爱丁堡除了"文学之都"的称誉外，还有"北方雅典"的美称。这两个称号均贵为皇冠，尤其是后者。提到雅典，人们会想到奥林匹克运动会、雅典娜女神、掷铁饼者雕塑，想到毕达哥拉斯定理、欧几里得几何，想到苏格拉底、柏拉图，等等。雅典是欧洲文明的根。爱丁堡能享有"北方雅典"的美称，在名城众多的欧洲，着实不易。

"文学之都"有着同样的含金量。这是联合国教科文卫组织发起的一个评选项目，迄今为止，全世界仅有6个城市获此殊荣。爱丁堡于2004年获得这个称号。这里诞生了《福尔摩斯探案集》《哈利波特》等世界顶级的文学名著。爱丁堡还是著名的"爱丁堡国际艺术节"举办地。这个艺术节有"把世界艺术形式一网打尽"的好评。每年8月，全球各地的艺术家和艺术爱好者云集于此，尽享创作与欣赏的快乐。爱丁堡的文学与文化成就的确尽领世界风骚。

我想知道，地处英伦边陲，人口仅50万的一个"弹丸之地"，何以能为人类奉献出如此丰盛的文化盛宴？苏格兰人为什么如此热爱文学和文化事业？

理由四，苏格兰的格拉斯哥市被称为世界"建筑与设计之城"，值得去看看。

格拉斯哥市之于苏格兰，犹如上海之于中国，是苏格兰的最大城市。这里曾为世界贡献过两位顶级的建筑家：一位叫罗伯特·亚当，是古典建筑风格大师；另一位叫麦金托什，是现代主义建筑的早期领军人物。像大多数城市一样，格拉斯哥市也有自己的城市中央广场；与众不同的是，这个广场有"建筑博物馆"之称。格拉斯哥大学的主楼作为哥特式建筑的经典，其体量仅次于伦敦的英国议会大厦，是格拉斯哥旅游指南上排名第一的景点，也是苏格兰的优秀景点之一。

我想知道，名不见经传的格拉斯哥何以能获得世界"建筑与设计之城"的尊称？何以能养育出世界级的建筑大师？欧式建筑的魅力究竟何在？

理由五，孩童时代就崇拜的发明家，后来才知道是现代工业革命旗手的瓦特就出生在苏格兰的格林诺克镇，值得去看看。

人类历史上大大小小的发明成千上万，但是能开启一个时代，有资格命名一个时代的发明还真不算多。瓦特的发明就有着这种划时代的地位。资料显示，瓦特的故乡——格林诺克镇是苏格兰的一个旅游景点，格拉斯哥市中心广场有瓦特塑像，爱丁堡有用瓦特命名的大学，等等。

我想知道，瓦特是怎样从苏格兰的一个小镇走出格拉斯哥，走向全世界的？格拉斯哥这个曾经是全世界火车与汽轮制造的工业重镇与瓦特有什么关系？今天的苏格兰人是怎样纪念她所养育的天才的？

理由六，苏格兰几乎把各大城市的大学都作为醒目的旅游景点来推介，这是很罕见的现象，值得去看看。

苏格兰的大学创建之早、数量之多、水平之高，是我至今没有找到答案的一个谜。它的第一所大学圣安德鲁斯大学创办于1413年，比我国最早的北京大学早了近五百年。此后又相继创办了格拉斯哥大学、阿伯丁大学、爱丁堡大学。很长一段时期里，苏格兰人为他们拥有四所世界名校，而英格兰只有剑桥、牛津两所名校而骄傲。更值得苏格兰人骄傲的还有，他们的大学为世界贡献了电视机之父贝尔德、青霉素发现者弗莱明、物理学家麦克斯韦，贡献了迄今30多位诺贝尔奖获得者，贡献了前文提到的瓦特、后文将要提到的亚当·斯密、休谟等一批享誉世界的发明家和思想家，还贡献了胰岛素和核磁共振等医学发明。

我想知道，一个相当于我国普通地级市人口的苏格兰何以拥有如此众多的一流大学？何以能为人类进步与福祉做出如此重大的贡献？这块热土的创造力从何而来？

理由七，苏格兰养育了经济学领域中的牛顿级人物、现代经济学之父亚当·斯密，值得去看看。

我从亚当·斯密传记中知道，亚当·斯密的故乡位于爱丁堡以北的柯科迪镇，一个濒临北海的海滨小镇。孩提时，小斯密站在他家的客厅里，透过窗户就可以看到熙熙攘攘的集市和来来往往的帆船。或许，亚当·斯密有关市场、交换的经济学概念，就是在那个时候形成的。亚当·斯密毕业于格拉斯哥大学，并在那里长期工作。晚年的斯密与老母亲相依为命，定居于爱丁堡市的卡尔顿山脚下。亚当·斯密工作和生活过的地方，都成了今天苏格兰的旅游景点。

我想，如果能亲自到这些地方走一走，看一看，或许才能更好地理解亚当·斯密的思想。

理由八，苏格兰是大哲学家大卫·休谟的故乡，值得去看看。

我是先知道有个叫休谟的哲学家，才知道爱丁堡和苏格兰的。我上大学的时候就开始读休谟的《人性论》，直到现在，我书桌的右角还放着那本封面已经发黄的《人性论》。休谟作为爱丁堡的骄子，在世时就是领袖级的思想家，去世三百多年来，他的影响可谓与时俱进，至今我看不出他的思想有过时的迹象。休谟喜欢伦敦，也喜欢巴黎，但最爱的还是他的家乡爱丁堡。晚年的休谟住在与亚当·斯密故居很近的卡尔顿山北侧。他喜爱这个小山丘，提议市政府从商人手中买回卡尔顿山，改建公园，政府采纳了他的建议。今天的卡尔顿山上还保留着休谟当年经常散步的小道。

我希望我能亲自走一走休谟小道，以此表达对这位思想家的爱与敬。

理由还很多，比如，苏格兰男人穿格子裙好看吗？苏格兰风笛好听吗？苏格兰威士忌啤酒为什么世界著名？苏格兰高地是什么样的景色？苏格兰的城堡、庄园有什么样的特色？

不过，我必须承认，我对苏格兰的关注与兴趣，最重要的原因是：

**苏格兰是现代世界文明的起点。**

**苏格兰人发明了现代世界。**

这两句话并不是我说的。前一句是美国学者阿瑟·赫尔曼著作的汉译大陆版书名:《苏格兰,现代世界文明的起点》,后一句话是该著作的汉译台湾版书名:《苏格兰人如何发明现代世界》。

赫尔曼在这本书中写道:"18世纪末期,象征现代世界的基本制度、思想、心态、习俗,在苏格兰人手中已经大致形成。"还写道:"苏格兰思维或心态是深思熟虑的产物,经由众多先人的构想而流传至今。从这个角度来看,现代世界的大部分,都带有苏格兰的性质,只是我们没有注意到而已。"

我想知道,如此重要的结论与如此高度的评价是怎么得出的?依据是什么?能令人信赖吗?

早在鸦片战争结束不久,我们的先辈们就提出了走向现代世界、实现现代化的宏伟目标。很小的时候,我就听到和看到"实现四个现代化"的口号;至今我还在尽我的绵薄之力,力图为这一伟大事业的实现做点什么。但愿几代人的梦想能在不远的将来得以实现。

如果现代世界真的是苏格兰人率先构建的,如果苏格兰真的是现代文明的发祥地,那么,对我而言,这次苏格兰之旅就有探寻现代化踪迹的意义了。这是我选择苏格兰、关注苏格兰、谈论苏格兰的主要原因所在。

带着种种好奇、想象与期待,我和爱人开启了我们的苏格兰之旅。

# 二　建筑之旅

苏格兰为游客奉上的最丰盛的大餐，是古典建筑。从城市到乡村，从大型的公共设施到小型的个人住宅，整个苏格兰可谓是一座建筑博物馆。格拉斯哥市能获得"建筑与设计之城"的殊荣，的确是实至名归。

## 格拉斯哥大学主楼

我们的旅行正是从这座"建筑与设计之城"开始的。从北京首都机场出发，当地时间同日晚上就顺利抵达了格拉斯哥。格拉斯哥位于苏格兰中部，距离首府爱丁堡仅一个多小时的车程。该城市现有人口60多万，略多于爱丁堡。这两座城市相距不远、规模接近、功能各异，如同双子座姐妹城市。我们在这里共逗留了十天。格拉斯哥留给我的印象是：从容、安逸、友好、美丽。在行程结束后驱车前往爱丁堡的路上，我默默地回想这段旅行经历，找不出任何对这个城市不喜欢的记忆。

我们住在格拉斯哥西区的一个民居式酒店——大使酒店。酒店由三层连体别墅改建而成，环境优雅，令人惬意。酒店正前方是一条叫开尔文的小河。凭窗望去，河面平缓，河水清澈。小河两岸树木茂密，属于原生林木，不是为了绿化、美化而栽种。这种景色在今天的许多大城市很难看到。河道两边各有两条人行步道，小道蜿蜒曲折，若隐若现地延伸到树林之中。从早到晚，小道上男男女女、老老少少来往不断，或是运动，或是散步，一派祥和，十分惬意。我很高兴在这儿逗留的十天里，天天都享受着这里的小道、林荫和空气。

从酒店步行一刻钟就到了格拉斯哥大学。格拉斯哥大学是我行程的第一站。出发前所做的攻略与当地酒店提供的旅游指南高度一致，格拉斯哥大学果然排在格拉斯哥市旅游景点的第一位。这是别的城市很少有的现象。一路走下来，我对这个少有的现象的解释是：并非格拉斯哥缺少旅游景点，而是因为格拉斯哥大学确实美不胜收。她历史悠久、成就卓著、建筑独特、林园天成，由此形成了浓郁的文化氛围，散发着无形的校园魅力。在这样的校园里行走，让人不由自主地想放慢脚步欣赏，或停下脚步品味。旅游期间，我先后多次走进格拉斯哥大学，有两次是业务活动，其余都是漫步校园、感受文化。

旅行的第一天，我们从街道旁的一个很小的校门走进校园。说是校门，其实只是摆个样子，既没有门栏也没有门卫，游人可以随格拉斯哥大使酒店窗前景色。

　　这是格拉斯哥西区大使酒店前的开尔文河，紧邻格拉斯哥大学学生宿舍。隐隐约约可以看见树林中的步道和行人。河流和树林都给人很原生态的感觉。这或许是现代化的一种趋势：以友好、谦逊的态度对待大自然，少些改造，多些保护。

二　建筑之旅

意进出。学校的主校区占据了格拉斯哥市的六大山丘之一，几栋古典建筑散落在山丘的斜坡上。在草坪与树林之间，有一条小道缓缓通向山顶。顺坡而上，宛如走在一处雅静的花园里。

走到山丘顶部时，游公园的感觉瞬间被眼前的一座建筑物掠走。太壮观、太震撼了！这就是著名的格拉斯哥大学主楼。如此巍峨雄宏的建筑，应该是宫殿或国家博物馆啊！这是我看见主楼的第一反应。主楼由多个建筑组合而成，整体结构接近日字形。主体部分有三层，相当于今天高层建筑的四到五层。主楼的四个角都建有精致的角楼。整个建筑体量宏大、高度适中，给人一种大气、稳重的感觉，与所在山丘的地理位置十分协调。所有墙体全部由大块青灰色砂岩石砌成，坚实、厚重的感觉油然而生——这是这种建筑材料特有的质感。整座建筑的惊人之笔，是耸立在大楼中间的塔楼。塔楼呈正方形，高出主体建筑四层，为整座建筑注入一种特别的灵气和力量。塔楼显然属于哥特式建筑风格，但没有许多哥特式建筑那种过高、过尖、过瘦的神秘感。

站在主楼前的广场向校园外望去，格拉斯哥市尽收眼底。视野所及，绝大多数的建筑都是中等规模。凡·高挑的建筑，几乎都是教堂的尖顶，唯有身边的这座大学主楼是个例外。这仅仅是建筑师出于哥特式建筑效果的设计，还是另有用意？我没有看到相关的资料说明。这或许是建筑师想表达的一种理念：在现代社会，唯有大学享有宗教般的神圣与尊严。

随着脚步由远向近移动，感受发生着明显的变化。建筑师动用了几乎所有古典建筑的元素，在大楼的墙面、窗户、门厅等所有细部都做了极其精致的装饰性处理，给人的感受不再是庄重宏伟，而是和谐优美、可亲可近。日字形建筑之间，有两个宽敞的天井草坪，是极好的读书、思考、散步、交流的地方。看到这里，你不能不为建筑师的人文情怀所折服。

建筑师何许人也？格拉斯哥大学主楼的"学名"叫吉尔伯特大楼，是用建筑师的名字命名的。乔治·吉尔伯特·斯科特爵士（1811—1878）是19世纪的一位著名建筑师。这位建筑师的建筑情怀主要集中在教堂设计与教堂修复，对哥特式风格情有独钟。史料记载，由吉尔伯特设计和改造的建筑有800座之多。当年准备异地重建格拉斯哥大学的时候，这位曾经担任过英国皇家建筑学会会长的建筑师，有幸接受了设计大学主楼的重任。建筑师把他对上帝的敬畏，体现在了对大学的敬畏上。这种敬畏之情通过建筑的厚重的体量、坚固的砂岩、哥特式的风格，很好地传递给了大学的主人和客人们。

由吉尔伯特设计格拉斯哥大学，可谓是那个时代的"强强联合"。19世纪初的格拉斯哥大学，已经是享誉世界的名牌大学。发明家瓦特、经济学家亚当·斯密等一批名人，相继从这里走出。有意思的是，这所成立于1451年的大学，在近四百年的历史中，校舍一直以使用贵族捐赠的旧建筑为主。直到19世纪中叶，异地新建格拉斯哥大学校区的任务提上了议事日程，这才有了我们今天所看到的格拉斯哥大学，才有了建筑师大显身手的机会。

这样的建筑，即使出现在今天的任何一所大学，都会令人叹为观止，更何况它的建成时间是19世纪70年代。眼前的一切，令人感慨，我不由得陷入了深思。

4月的格拉斯哥,常常阴雨连绵。我们第一次走进格拉斯哥大学的那天,恰好阳光明媚、天空湛蓝。遇上这样的天气实属难得。我们坐在主楼天井间的一条座椅上,尽情地享受着自由行特有的随心所欲,悠闲自在。我脑海里想象着当年建造校园的情景,也萌发着许多的追问:当时负责选址的大学校长何来如此气魄而选择了这么大、这么好的地段?市政官员们何来如此卓见而为一所大学改建做出如此大手笔的规划?直到今天,即使师生增加了几倍,格拉斯哥大学校园里仍然有一片高尔夫球场一般大的校园绿地。顶级建筑大师吉尔伯特,何来如此情怀与智慧竟设计出这座欧洲建筑史上仅次于英国国会大厦规模的哥特式经典之作?数以千计的工人何来如此动力为一座世俗建筑献上了宗教般的热情?最后一点感慨是由一幅素描画引发的。我曾看到过一幅素描画,描绘的是差不多同一时期爱丁堡市中心的司格特纪念碑的施工现场。当时运送砂岩石的工具还是牛车。可以想象,当时的岩石采挖技术、材料运输技术、施工技术等建筑条件与今日不可同日而语。没有建筑工人们的专业素养与敬业精神,设计图纸再好,也不可能有建筑作品的这般坚固与精致。须知,与文学、绘画等艺术不同,建筑艺术的最后完成,有赖于建筑工人的素养。可见,格拉斯哥大学主楼的建造,占尽了天时、地利、人和。

希望读者有耐心阅读有关大学的这些内容。大学是苏格兰永恒的骄傲,也是我这本书关注的话题之一。这个话题会在本书的不同章节里反复出现。我想,大学在现代文明中的地位,是之前任何时代的任何文明都无法相比的。从家庭到学校,从社会到政府,人人格拉斯哥大学。

　　这是格拉斯哥大学主楼中间的草坪广场。右侧一层是由多重拱圈组合而成的通透底厅，正对面建筑是高耸的主楼塔楼。那天，我和爱人就坐在草坪边上的一条长椅上，欣赏和谈论这个一百多年以前的建筑精品。

二　建筑之旅

都谈论大学，人人都向往大学。大学除去对人的就业、升迁、成就等实际需求的满足之外，大学还有什么？还是什么？进入现代以来，发达国家也好，发展中国家也好，处处都有大学梦、大学情结、大学崇拜现象。这种社会现象背后，有没有什么值得我们去深究的原因，感悟的秘密呢？

## 爱丁堡大学旧学院

接下来想和读者分享的是苏格兰的另一座著名建筑：爱丁堡的旧学院。地图上有旧学院这个地址，随便问一个出租车司机，也都知道旧学院的位置。旧学院实际上是爱丁堡大学的老校区，位于爱丁堡老城区的中心，与苏格兰国家博物馆一墙之隔，距离爱丁堡城堡、皇家英里大道也就10分钟的步程。这是一个小众性的景点，我先后去过三次，看到的游客多数是学生、学者模样。这里所吸引的游客，大多是对建筑感兴趣或对爱丁堡大学感兴趣的人。

爱丁堡大学在苏格兰教育史上是一所年轻的大学，因为与苏格兰最古老的圣安德鲁斯大学相比，她要年轻整整170年。前者创建于1413年，后者创建于1582年。而这所年轻的大学，至今也已经有四百多年的历史了。四百多年里，不断扩建的校舍，几乎遍布了爱丁堡市的每个角落。据说有这样一种有趣的说法：在爱丁堡问路时，不能问爱丁堡大学在爱丁堡的什么位置，应该问爱丁堡在爱丁堡大学的什么位置。还真是这样。你问爱丁堡大学在哪里，人们无法回答。只能问，爱丁堡大学旧学院在哪里？爱丁堡大学新学院在哪里？爱丁堡大学图书馆在哪里？爱丁堡大学学生宿舍在哪里？等等。所有校区或者没有大门，或者大门形同虚设。大学在城，城在大学。大学与城市，相依相存，互通互联，融为一体。

旧学院建于1789年前后，是杰出的建筑大师罗伯特·亚当的作品。这个建筑群的魅力，有别于格拉斯哥大学主楼。它的整体风格可以用一句名言概括：静默的单纯，高贵的伟大。这是德国学者温克尔曼对古希腊艺术特色的描述，非常权威，学界无人不知。旧学院是由东南西北四栋楼组成的一个长方形四合院，院中间是一个大小适中的校园中央广场，广场被绿茵茵、平展展的大草坪覆盖。对游人来讲，这个中厅是品味这件建筑作品的绝佳位置。环顾旧学院，简洁，对称，庄重，和谐。这正是欧洲古典建筑的最有生命力的风格。建筑师使用了从古希腊到文艺复兴以来欧洲建筑艺术的各种元素。比如，南北两栋楼的中间立面，都镶嵌了四根古希腊风格的立柱，立柱上面是一个标准的三角楣。这种最常见的欧洲建筑元素的使用，既给人稳重、协调的感觉，更是一种价值追求的表达。立柱与三角楣的组合，源于古希腊神庙建筑，是欧洲建筑文化的基本符号。在各地、各种欧式建筑中都不难看到它的影子。联合国教科文组织的标识，就是一个抽象的立柱与三角楣的组合。一定意义上讲，立柱与三角楣组合，是一种文化象征。

建筑师对建筑外立面的所有细节，都进行了独具匠心的处理。所有立柱的柱头都配有极其精致的雕刻。一楼的窗户呈半圆形状，而二楼的窗户则都是长方形状。上下比较，既统一又有变化。东楼一层与二层的连接处，刻有圆形和方形相间的装饰带。为了减少中爱丁堡大学旧学院。亚当设计。

　　这是爱丁堡大学旧学院，由罗伯特·亚当设计。东楼顶部矗立着高高的塔楼，北楼与东楼连接处采用弧形结构，北楼立面嵌入立柱与三角楣组合，一楼与庭院之间用走廊相连，庭院搭配了一块地毯式的大草坪，等等。这些技法与元素的使用，给人庄重、优雅的感觉。这是新古典主义的代表作品。

规中矩的呆板感,东楼与南楼、北楼连接的两侧,采用了椭圆形结构的连廊。南北两栋楼与地面的连接处,设计了略高出地面的围栏,使得地面与建筑之间有了很协调的过渡,同时也满足了学者和学子们出入上下的使用需求。

我之前看过罗伯特·亚当的资料,知道他对室内壁炉的设计很有讲究。在征得工作人员同意后,我走进了北楼一层的一间教室。如我所愿,教室的引人注目之处,就是壁炉和壁炉四周的雕饰。四根刻有槽纹的立柱,支撑着两排小型雕刻装饰,仔细看去,贝壳、鲨鱼、花篮、树枝等各种动植物雕刻错落有致,栩栩如生。能在如此精美的艺术品前讲课或听课,学者与学子们是多么的幸福!罗伯特·亚当这样的建筑大师,能对如此微小的装饰细节,给予如此用心的设计,真令人佩服!

我所以高度关注这座建筑,一个重要原因是我非常敬重它的设计师——罗伯特·亚当。

罗伯特·亚当(1728—1792)在现代西方建筑领域中的地位,几乎可以与亚当·斯密在现代经济学领域中的地位媲美。巧得很,两位亚当是同乡,都出生在距离爱丁堡不远的柯科迪镇。罗伯特·亚当比亚当·斯密小五岁。两人自幼就相识,友谊持续终身。至今,柯科迪人仍以小镇上在同一时代走出两位世界级的名人而骄傲。罗伯特·亚当出生在一个建筑世家,父亲就是一位优秀的建筑师。兄弟四人全都继承了父亲的事业。罗伯特·亚当像当时其他贵族子弟一样,6岁即进入著名的爱丁堡中学接受古典教育,15岁进入爱丁堡大学接受当时最先进的大学教育。在爱丁堡大学,他接受了

这是爱丁堡大学旧学院内一间教室里的壁炉，由罗伯特·亚当设计。壁炉是欧洲古典建筑的重要部分，尽管它的实用功能已不复存在，但人们还像艺术品一样保存着它。

为什么是苏格兰

古典语言、古典文化的教育与熏陶，学习了数学、历史等通识性、博雅性课程。大学毕业后，在经历了短暂的建筑设计实践以后，由父亲资助，年轻的罗伯特开始了四年的游学、考察生活。这也是那个时代欧洲贵族子弟的必有经历。罗伯特·亚当为古希腊、古罗马和文艺复兴时期的建筑艺术所着迷，深入考察了罗马、威尼斯等地的建筑作品。他曾写过有关古罗马建筑废墟的专著。今天的人们还能看到他亲手绘制的几百张古罗马建筑装饰细部的草图。

罗伯特·亚当的研究者们认为，日后的亚当，既尊重传统，又不囿于传统，能做到自由度与秩序感有机统一，能把各种古典风格的元素自由地重组与创新，从而形成自己的建筑风格，即建筑史上所讲的"亚当风格"。下面一段话，是亚当在欣赏罗马万神殿时的感慨："万神殿的宏伟简洁令人思绪万千。使人深深体会到何为肃穆，何为庄严，何为壮丽，它全无现代建筑给人的那种轻佻俗艳的感觉。"作为建筑师，亚当不仅有这样的认识，更有这样的实践。爱丁堡大学旧学院就是他的建筑思想的极好体现。

亚当一生既拥有自己的事业，又忠诚和献身于自己的事业。他在建筑设计与室内设计两个领域都有骄人的成就。除了旧学院，我在苏格兰旅游期间，还专程去了大西洋岸边的艾尔郡，欣赏他设计的卡尔津城堡。这个作品位于艾尔郡的国家森林公园内，紧邻大西洋，现在已经成为苏格兰的主要景点之一。我还费了很大的周折，好不容易才找到亚当为休谟设计的墓亭。亚当与休谟生前是好友，休谟去世后，亚当亲自为好友设计了墓亭。墓位于卡尔顿山脚下。在偌大的墓地里，休谟墓亭最为显眼，肃穆而不失精美，堪称一件爱丁堡大学旧学院。亚当设计。

　　这是卡尔津城堡的餐厅,是建筑师罗伯特·亚当的代表作品之一。建筑师高度重视建筑的细部处理,壁炉、门框、天花板等部位都有典雅的装饰,是典型的亚当风格。

为什么是苏格兰

艺术品。亚当还设计了大量的室内装饰和"亚当风格"的家具。椅子、桌子、茶几、餐桌、镜子、衣柜，几乎应有尽有。有研究者说：他设计的衣柜细节，与衣柜所在房间的天花板和墙面的装饰保持着高度协调。他设计的雕有穗形装饰的椭圆形镜框，至今仍为人们喜爱。我在苏格兰国家博物馆看到了出自亚当之手的一件藏品——座椅。其结构之优雅、色彩之协调、雕花之精美，放在今天的任何一个高端会客室，都不失为精品。

罗伯特·亚当的影响是世界性的。亚当风格在美国十分流行。有人说，亚当是美国公共建筑的精神导师。美国国会大楼的设计就深受亚当风格的影响。杰斐逊也是一位亚当风格的追随者，当年他从伦敦购买了亚当风格的烟窗等预制品，远道运回美国，装在了他自己设计的私人住宅里。亚当在1792年病重期间，还为他热爱的爱丁堡新城设计了著名的夏洛特广场。这个如画般的建筑群，直到建筑师去世二十多年以后才竣工。在亚当·斯密去世后的第二年，罗伯特·亚当也带着许多的遗憾离开了人世。人们整理他的遗物时发现，他手头还有许多未完成的设计项目。时任爱丁堡大学的校长曾这样讲道："我活了一把年纪，认识这个时代的众多最卓越的人物，可是若论天赋、待人接物的愉快态度，我不知道还有谁能超越这位我们刚刚失去的朋友。"

从罗伯特·亚当身上，我看到了英国现代绅士的风范，看到了人文主义教养的力量，看到了"事业"一词的真正内涵。在苏格兰旅游期间，因所见所闻的引发，我一直在思考一个问题：那些享有良好出身、良好教养及良好天赋的人，在人类进步事业中，应该、能够,且事实上扮演过什么样的角色?才华出众的"天然贵族"也好,出身显赫的世袭贵族也好,他们拥有比常人更多的资源,因而也很易于获得比常人更大的成功。他们的存在,使得"生而平等"一类的观念难以服人。良治社会的理想期许是,确立观念、营造氛围、建立机制,让那些享有更好出身、更好教养及更好天赋的人,能够、愿意和事实上为社会进步、大众福祉做出更多和更有价值的贡献。这个话题的复杂性与重要性同在,它既关系到社会能否进步与繁荣,更关系到社会能否稳定与和谐。这几乎可以看作是一个国家是否实现了现代化的基础性标准。

罗伯特·亚当就是这样的人。他拥有比普通人更多的资源,他也做出了比普通人更大的贡献。他所贡献的,是一种新的审美品位与艺术风格,一种以质量为重的生活方式,一种绅士性的品质与人生。所有这些,源自于他的家庭传承、人文教养,以及他的智慧与对事业的忠诚。

罗伯特·亚当的意义,远远超出了建筑领域。

罗伯特·亚当生活的年代,正是苏格兰启蒙运动的鼎盛时期。他和启蒙运动的领袖人物都有很深的交情,他们的价值追求与思想观念是相通的。如果说休谟等带来了思想启蒙,瓦特等带来了工业启蒙,那么,罗伯特·亚当带来的,可以称为审美启蒙。罗伯特·亚当所贡献的,是把古典主义改造为具有现代审美特点的"亚当风格",把古希腊古罗马以来的公共性、纪念性建筑的优秀元素,以及皇家宫廷、贵族庄园的优秀建筑传统,改造为适合新兴中产阶层品位的家用建筑风格。人们用"优美雅致"概括亚当风格的主要特点。还有人说，亚当的设计，形成了英国的"美丽如画"的审美追求。这种新兴的价值，是现代性的重要构成，是苏格兰正在出现的商业社会、市民社会的基本追求。

关于这个话题，本书后面还会出现。

## 私人住宅建筑

在苏格兰旅游，别墅建筑是你躲也躲不开的景点。如果把城市里的连体式住宅也包括在内，那么，从城市到乡村，苏格兰就是一座硕大的生态式别墅博物馆。不同时期、不同规格、不同风格的别墅随处可见。不论是都市，还是乡村，只要留意，几乎每一栋别墅都有它的可人之处。

这里需要做点说明。别墅一词，狭义地讲，指大体量的豪华性私人住宅，包括城堡、庄园、豪宅；广义的别墅，泛指独栋或连体式的中产住宅小楼，这类建筑大量出现在工业革命以来的城郊和乡村。与千篇一律的火柴盒式住宅相比，这类建筑在考虑使用功能的同时，更追求建筑的艺术特性。走过这样的建筑时，你会自觉不自觉地停下脚步，多看两眼。我在格拉斯哥和爱丁堡所住的宾馆，都是由连体式个人住宅改建而成。这给了我一个机会：看看这类建筑内部的结构、功能与装饰。

我同时想给"感受"一词做个"正名"，否则会影响和读者的交流效果。我把感受分为两种：一种是物质性、占有性的感受；一种是精神性、共享性的感受。对旅游而言，前者指通过吃什么、住什么、买什么而得到的感受；后者指通过看什么、了解什么、谈论什么而得到的感受。随着社会的进步，旅游将会经历不断的升级换代，其趋势之一，可能就是后一种感受需求的增加：心智性的、精神性的、可分享的。

就旅游而言，建筑艺术就是那种可以给人无限感受的景点。在苏格兰，这样的景无处不在，已经不是"点"了。一路走下来，我没有为某一个景点而刻意奔波、耗时、期待的经历。在市区，满眼都是称得上艺术作品的建筑。在大学校园，一步一景点，一楼一特色。在市政广场，一栋栋精美的建筑争奇斗艳，让你有应接不暇、美不胜收的感觉；而在市郊和乡村，则是别墅建筑的天地。在格拉斯哥旅游期间，我习惯每天早晚都出来散步。以酒店为中心往各个方向走去，到处都是各具风格的别墅，或独立小院，或连体小三楼。在爱丁堡期间，我们住在亚瑟王座山的南侧，一位北京同胞谭先生开的家庭宾馆。这个宾馆就是典型的连体别墅。这一片的别墅，跨越了18世纪到今天的不同时期的不同风格。有典型的新古典主义建筑，也有在建的现代主义建筑，有已经改造为大学会议中心、星级酒店的贵族别墅，也有像北京同胞这样的新移民能够接受的中产住宅。每天出去散步，总有一种看不够的感觉，似乎每栋建筑都有自己的语言、自己的故事，都显现着主人不同的审美品位与生活方式。

住宅小楼的艺术魅力何在？首先在于它的多姿多彩的亲和力。从市区的大学、博物馆、市政广场返回到市郊的小酒店，好像回到家一样。小巧玲珑的住宅建筑与恢宏厚重的公共建筑比较，好似女性与男性的区别，潺潺小溪与滔滔大江的区别，亲和力与冲击力的区别。用美学的专业术语来讲，那就是秀美与崇高的区别。在动辄几十层的水泥丛林中走来，人渴求视野能开阔些，呼吸能舒畅些，色调能柔和些。这一切，也恰恰是市郊和乡村的住宅小楼所能给予的。我在苏格兰看到的这类建筑，一般以2—3层居多，间或能看到平层小屋和4层别墅。即使站在最近的距离，这些建筑的整体轮廓与细部装饰，都能一目了然，尽收眼底。

体量宜人是它的一大魅力，色调协调是它的又一特色。不同于中世纪以来的灰中带黑的公共建筑，住宅小楼以灰色、灰白色、红色居多。这类建筑不炫不浮，确实是安放心情的好地方。仔细看去，每一栋建筑都在巧妙地使用着色调艺术来体现它的风格：或白色的窗框配红砂岩墙面，或深色的木头门窗配灰白砂岩。纯白色、纯黑色的材料不时出现在建筑的装饰细部。细细琢磨，你不能不佩服设计师巧用色调的匠心独运。

当然，最重要的魅力元素，还在建筑的结构。很少能看到正立面完全在一个平面上的别墅。独栋别墅的四面和连体别墅的正面，在结构上总有多种多样的变化。有的是顶层收缩，有的是窗户突出，有的是门厅延伸：结构的变化给人一种变而不乱的秩序感。欣赏这类建筑，像是聆听由多种几何图形相组合的交响乐。三角形、长方形、圆形、拱形，差不多是这些建筑交响乐的基本音符。有限的几何图形，在建筑师的手中，有着无限的组合方式，从而给人带来无限的艺术感受。每一栋建筑都风格各异；而仔细看去，又几乎看不到没有见过的建筑元素。这就是建筑艺术的神奇所在：有限的元素，苏格兰罗梦湖畔乡村人家。

　　这是位于苏格兰西北方向的罗梦湖畔的一处乡村民居。深色墙面配浅色窗框，长方形与三角形交错组合，小院围栏用石块垒砌，窗前还不忘记放一张休闲靠椅。房屋的设计与周边的乡村风格浑然一体，俨然一件摆放在田野中的艺术品。

无限的组合，从而使得体量、色调、结构、材料等，都有了温度、感情、生命。

住宅小楼的艺术魅力还来自它特有的环境，来自它与周边的树木、花卉、草坪、溪水、池塘，以及享有这一切的主人的和谐共生。每经过一栋建筑，吸引我驻足的，常常是它的小花园，以及正在料理花园的主人。花园是住宅建筑的标配。独栋别墅不必多说，绝大多数连体别墅也都在楼前楼后配有小花园。每个小花园都与众不同。花园的风格，和主人的心境、性格、品位息息相通。在这样的住宅小楼前，你看到的是家在自然、自然在家的美好景象。人们常常说的"人与自然的共存共生"，在苏格兰已经不是美好的愿望，而是看得见的现实。

苏格兰的住宅小楼，诠释着另一种意义的现代化。现代化总意味着城市化。我经历过我国的城市化变迁，这也许是人类有史以来最大规模的城市化运动，因此感受颇深。我们今天的经历，英国人在一百多年之前都已经经历过了。有专家认为，早在1871年，英国就成为世界第一个"城市主导型社会"，因为这一年英国的城市人口超过了总人口的50%。到2005年，全世界才达到一百三十多年前英国人早就实现了的平均数。那么，这个早已实现了城市化的英国，又在追求着什么"化"呢？这个先发国家能为后发国家提供什么样的启示呢？

今天英国的追求是：城市乡村化。

现代化的本质之一是无处不在的共生，包括城市与乡村的共生。就像城市化绝对不是要消灭、抛弃乡村一样，城市化更高的发展水平，是城市乡村化：把乡村的灵魂、乡村的魅力引入和留在城市。在格拉斯哥旅游期间，我真不知道我是住在城市还是乡村。宾馆前的开尔文河，没有花园般的精心修饰，完全是原汁原味的自然风貌。周边的住宅小楼，大多与周围树木的高度相近。公共绿地随处可见，这使你不能不为市政规划者与决策者对绿地规划的慷慨所佩服。独栋建筑的主人，举步之间，就可以脚踏泥土，手握工具，修剪花草，品味芳香。一天早晨散步时，我看见一位中年女主人正在打理她的花园：身穿粉色居家服，手里握着一把小铁锹，很投入地在挖着一个小坑，身旁放着一株树苗。看上去，这位女士俨然一个熟练的花工。可以想到，几小时以后，她或许会身着正装，出现在某栋大楼的某个办公室。

生活在市郊的那些很低、很小、很分散、很朴实、很乡村的个人住宅里，工作在市区的那些很高、很大、很集中、很现代、很城市的办公楼里。这是许多苏格兰人的生存常态。

## 古典的魅力

在结束建筑之旅前，需要补充说明的是，我所关注和谈论的建筑，仅仅是苏格兰建筑大花园中的几束花朵。之所以做这样的选择，是因为我有意识地把关注范围缩小在18世纪中叶以后的一段时间内。这段时间里，苏格兰经历了有文字记载以来最伟大的变革：从传统走向现代。用我们今天熟悉的语言讲，就是基本实现了现代化。这个时期的苏格兰建筑，当然是新古典主义风格独领风骚，是属于罗伯特·亚当的时代。专家们常用不同的词汇概括不同时期的欧洲古典建筑，如古希腊建筑、古罗马建筑、古典主义建筑、哥特式建筑、巴洛克建筑、新古典主义建筑等。罗伯特·亚当正是新古典主义建筑的领军人物。

与盛行于20世纪的现代主义、后现代主义建筑比较，欧洲古典建筑有其独特的风格和强大的艺术魅力。

每个时代、每个国家，乃至每栋建筑都有其个性特色，但是在现代主义建筑出现之前，欧洲建筑的基本元素是相对稳定的：古典立柱，由立柱组合的三角楣（又称山花），以及立柱所构成的柱廊，不同风格的柱头，各种形制的拱门，大型穹窿所构成的内厅，由人物、动物、花草、波浪等组合的雕饰，由圆形、三角形、方形等几何图形所组合的结构，等等。就像画家手中的色彩、音乐家手中的音符一样，建筑师们通过对这些元素的不同使用，表达出了他们自己不同的思想感情。古希腊神庙、大英博物馆等建筑是古典柱式、柱廊与三角楣结构的代表作品；古罗马万神殿、美国国会大厦等建筑是穹窿、圆厅结构的代表作品；巴黎圣母院、英国议会大厦等建筑是拱券结构的代表作品。所有这些建筑结构，无不借助几何图形的变化与细部雕刻的装饰，以及岩石材料特有的质感，而富有了个性和美感。这些经典中的经典，让无数观赏者惊叹、赞美。当我们欣赏这些建筑的时候，我们所感受到的，不再是有限的建筑材料与同样有限的建筑元素，而是建筑师通过不同风格而表达出的不同感情色彩：恢宏、庄重、和谐、对称、华丽、协调、柔美、优雅，等等。

我对建筑师怀有深深的敬意。是他们的天才与探索，使得本来只有使用功能的房屋,变为具有审美价值的建筑艺术,从而让游客有了看不完、看不够的景观。在众多的艺术类别中,像建筑这样能很好地兼顾实用功能与审美效果的,真是不多。

令人难以置信的是,起于古希腊古罗马的古典建筑风格,在20世纪之交,突然遭遇了几乎被送进历史博物馆的命运。同样发端于欧洲的现代主义建筑,来势凶猛,席卷全球;古典建筑的基本元素顿时烟消云散,无影无踪。岩石特有的色调与质感,被混凝土、钢结构、玻璃外墙等人工材料所取代;精致到奢华地步的建筑雕饰,被抽象线条、几何平面所取代;庄重、高雅、对称、和谐的审美感受,被裸露的材料、巨大的体量、象征性的造型所产生的冲击力所取代。每个去过上海外滩的人,都会感受过这种变迁的震撼。南京路与陆家嘴,各代表了一个时代的建筑风格。这种反差在格拉斯哥或爱丁堡同样可以感受到。现代主义建筑赶上了全球化浪潮,一扫各民族千百年来形成的各自的建筑风格,以及相应的建筑材料与建筑工艺,这种建筑也被称为"国际式风格"。

建筑史上的这一革命性变革,我确实经历了一个接受过程。我当年参观巴黎卢浮宫时,就遇到建筑风格瞬间巨变的审美不适应。在满眼都是古典风格的卢浮宫,突然出现一个巨大的三角形玻璃建筑。建筑风格在转眼之间,跨越了几百年。

下面想谈谈苏格兰旅游的另一深刻印象:古建筑保护。

建筑作品的创作,要归功于建筑师、设计师、工程技术人员,以及背后的投资者。而几百年以后我们还能有机会欣赏到这样的建筑作品,则要感谢那些珍爱、保护古典建筑的一代又一代的有识之士。与前者相比，他们身上有着同样为人敬仰的精神。在很早很早以前，他们就意识到了建筑保护问题，就开始了上上下下的呼吁，就有了最早的完全是个人行为的建筑保护活动。慢慢地，建筑保护成为公众意识，成为政府行为，于是有了一个又一个的建筑保护法规。今天，在全世界大多数国家，建筑保护已经成为官方和民间的共识。应该承认，对于这一意义重大的进步，英国、意大利、法国等欧洲国家曾经做出了先驱性的贡献。

对古典建筑保护的欣赏，伴随着我一路的旅行。记得在格拉斯哥的开尔文河边散步时，我无意看到一处废墟保护点。紧靠河道，有一处古磨坊遗址。遗址占地面积不大，有两块直径大约两米的磨盘，旁边是一处房屋废墟。现在仅存留的，是原房屋的地基，还有部分墙根。废墟的两边，就是开尔文河畔的人行小道。所有保护物自自然然地留存在它们的"出生地"。废墟周边没有围栏，更没有垃圾或瓦砾。我从废墟旁的景点说明牌上得知，这是一个燧石磨坊遗址。磨坊建于1765年。近两百年里，磨坊换过几次经营者，一直到1959年才关闭。随后，它被格拉斯哥市政府列入工业遗址保护地，用于考古、工业研究和旅游。磨坊的较高墙壁部分，出于安全考虑而被推倒。说明牌还介绍了燧石的功能和加工工艺。

这就是我的一次早间散步的意外收获。收获了什么？收获了当年作为制造重镇的格拉斯哥的工业结构一个侧面，收获了工业革命时期格拉斯哥人的生产情境，收获了产业结构调整给城市带来的冲击，收获了格拉斯哥人对于昨日文明的尊重与怀念。

这些，就是废墟保护的意义。

格拉斯哥开尔文河畔古磨坊废墟保护（1760年代）

这是格拉斯哥开尔文河畔的古磨坊废墟遗址。废墟没有被拆除，也没有被修复，而是作为文物受到保护。不弃不修只保护，是英国的古迹保护原则。这类文物所承载着的信息，可能更丰富、更有意义。

为什么是苏格兰

废墟尚且有如此的境遇，何况那些有使用和观赏价值的建筑！在格拉斯哥，有一次在等出租车时，很偶然也很激动，我遇到了两位热心人的帮助：一位是江苏人王雨，爱丁堡大学毕业后在格拉斯哥大学就职；一位是山西人原珂，对外贸易大学的教师，正在格拉斯哥参与由格拉斯哥大学牵头的一个国际研究项目。他乡遇同胞，格外亲切。他们帮我约车以后，我们互留微信，并约好在本周末相聚。那天饭后我们去了王雨老师的位于格拉斯哥大学校园的办公室喝茶。他的办公室由一个连体别墅改建。他讲到，这栋楼建于19世纪中叶，现在已经是建筑文物。建筑的结构和外立面由文物部门负责保护，使用者没有任何改动的权利。在爱丁堡时我遇到了同样的说法。所住酒店的房东谭先生讲到，他的房屋建于19世纪70年代，已经是在册文物。他虽然是房子主人，但无权改动建筑的外观。内部的水电暖维修也要经过相应的审核程序。

这些经历回答了我一直在追问的问题：为什么苏格兰有如此众多、如此古老的建筑？为什么这些老建筑在几百年以后还可以使用，还有欣赏价值？而且，这些老建筑现在还看不出有垮塌、废弃的迹象？

资料显示，很早以前，英国就有一些建筑师、作家等文化人物提出了建筑保护概念。英国在1717年前后相继成立了"古物学会""艺术爱好者协会"等古建筑保护组织。难能可贵的是，这些组织都是自发性的。自下而上推动社会进步，是英国文化的传统。后来的英国学者拉斯金（1819—1900）提出了系统的古建筑保护理论。他认为：就像不能让死人复活一样，建筑中曾经伟大或美丽的任何东西所拥有的那种精神,永远也召不回来。我们没有任何触动建筑废墟的权利。它们不是我们的,它们部分属于其建造者,部分属于人类的所有后代。因此,对古建筑和建筑废墟,只能保护,不能修复。

只能保护,不能修复!这样的观念,可能只有那些英国的绅士能想到。英国人的怀旧情结、英国人对古迹的保护,即使在欧洲,也是出了名的。这或许能帮助人们理解英国人之所以要保护皇室、延续贵族头衔的原因。

英国的文物保护理念是:保护性维护。通过对古老建筑的日常护理而避免建筑的衰败。同时,对已有废墟给予文物身份,以及与文物一样的保护。英国是较早实行古建筑注册制的国家,凡注册建筑,都有文物身份。作为工业革命的发源地,苏格兰当年也经历过从农业时代到工业时代的大变革。爱丁堡的城市发展历史显示,这里也经历过"大建",但是没有发生过"大拆"。站在卡尔顿山上可以清晰地看到,以皇家英里大道为中心的老街,多数建筑都诞生于中世纪。王子街一带,爱丁堡人称为新城。所谓新城,其实也已经有近二百年的历史了。当年出于城市扩展的需要,爱丁堡市政府决定在老城以北异地建设新城。同样,就像19世纪人尊重中世纪历史一样,20世纪以来出现的新建筑,以不破坏19世纪建筑为前提,全都分布在新城以外的市郊地带。在爱丁堡从南到北走下来,你会有穿越中世纪、工业革命时代和20世纪等三个时代的明显感受。

在苏格兰旅游,从飞机落地走出机场,到旅行结束走进机场,不管你愿意还是不愿意,有意还是无意,你所看到的最多的景致,除了花草树木，就是建筑。市区或市郊，集镇或乡村，几乎所有的建筑都让人赏心悦目，都可以看作是艺术作品。我一再感叹，在苏格兰旅游，处处是景，满眼是景，无所谓景点不景点。

这就是我的苏格兰建筑之旅，是我和读者分享的第一个话题。

# 三　博物馆之旅

苏格兰给我留下了这样的印象：从城市到村镇，博物馆似乎是规划与建设的标准配置。有一定规模的人口，就一定会有自己的博物馆。所到之处，只要你感兴趣，总会有博物馆在静候你。苏格兰博物馆数量之多，主题之丰富，确实超出了我的预想。以格拉斯哥为例，一个60万人口的城市，竟有20多个博物馆，平均每3万人口就拥有一个博物馆。这个比例，即使在发达国家也不算少。

## 博物街：皇家英里大道

许多从爱丁堡留学归来的学者和学生都有深深的同感：怀念那个城市。我能理解这种感受。我们在爱丁堡仅仅住了十多天，而告别的时候，我也有过再游爱丁堡的念想。其中一个重要的原因，是这个城市有故事。有些故事在书本里，有些故事在交谈中，更多的故事，在爱丁堡的博物馆里。

按照惯例，我们的爱丁堡之旅也是从爱丁堡城堡开始的。

事先有朋友提醒，城堡在山丘顶部，需要爬一段坡。为省点力气，我们的车子直接开到了城堡门前的广场。上午9点多，城堡门前已经是满满的游人了。这是我们这次旅游期间所经历的唯一一次拥挤，也是唯一一次需要排队买票的景点。城堡建在一个死火山的山顶上。从6世纪开始，这里就是苏格兰皇家住所，直到16世纪初新的皇宫落成。这里的看点很多，在每个点上，游人都要按照规定的线路，跟着拥挤的人群，规规矩矩地走进走出。这实在不符合我的旅游习惯，耗时不少，反而印象不深。走出城堡后，顺着马路往前走，就进了皇家英里大道。大道的末端，就是刚才所说的新皇宫——荷里路德宫，因此不难想象这条大道的热闹程度。城堡与大道的相交处是一个小小的广场，游人如织，熙熙攘攘。卖旅游纪念品的商店一个挨一个。有个稍具规模的商店门口，立着一块写有中文的广告牌：苏格兰羊毛衫。好醒目也好亲切！再继续往下走，就渐渐恢复了苏格兰旅游的常态：安静的秩序，从容的游逛。

皇家英里大道有点像爱丁堡人专门为今天的游客设计的一日游景观大道，景点很多，也很紧凑，从上皇宫到下皇宫，也就不到两公里长。整条街道的路面都用碎石铺成，保留了中世纪的风格。道路看上去很有历史感，走起来则高一脚低一脚。可能当年马的行走感觉要远远好于今天人的行走感觉。街道两旁全部是灰色、灰黑色的古老建筑。如果一个人在夜间走过这里，没准儿会有几分恐惧。路边的商店都是为方便游客而开的，有比萨店、威士忌酒馆、苏格

为什么是苏格兰

爱丁堡苏格兰国家博物馆。

  这是位于爱丁堡的苏格兰国家博物馆动物标本展区。博物馆最受孩子们喜欢，是孩子们学习知识、接受熏陶、形成生活方式的理想场所。博物馆教育已经成为学校教育的重要组成部分，因而受到学校、家长和社会的高度重视。

39      三 博物馆之旅

兰裙商铺等。轻轻松松一日游，确实是游人的首选。

然而，我想说的是，皇家英里大道的旅游价值，远远超出眼前所看到的这些。

用博物馆林立来描述皇家英里大道，毫不夸张。我更愿意称皇家英里大道为皇家英里博物街。这里有各种类型的博物馆、纪念馆、人物雕像。即使是已经改建为商店、饭店的许多建筑，也都有自己的历史和自己的故事。在建筑墙体的某个部位，不难发现刻着的一段文字，讲述着建筑物的生平。在这里走走看看，你会理解什么叫城市底蕴、城市文化。

我按照从爱丁堡城堡到荷里路德宫的顺序，描述我在皇家英里大道的所见所想。

作家博物馆。从城堡往前走10多分钟，就能看到爱丁堡作家博物馆。作家博物馆的看点，首先是它的建筑。这栋建筑已经有近四百年的历史，远远看去，很庄重，也很典雅，很有历史沉淀感。资料介绍，近四百年里，这座房子目睹了爱丁堡老城的沧桑变化。1622年，一位贵族商人建造了这座私家别墅。今天的游人仍然可以看到房子的门口刻着这个家族的盾徽。19世纪末，一位崇尚古典建筑的伯爵买下了这栋楼。在进行了还原性修复后，伯爵做出了一个出人意料的决定：将这栋楼赠送给爱丁堡市政府，希望用作博物馆。这是这栋建筑的前世今生。

作家博物馆的另一个看点，是有关几位爱丁堡著名文学家的展品与介绍，其中以司格特的内容最为详尽。司格特（1771—1832）在苏格兰人心目中的地位之高，令人无法理解。格拉斯哥乔治广场的爱丁堡作家博物馆。

　　这是爱丁堡作家博物馆一角。作家博物馆由一位贵族捐赠的私人别墅改建而成。藏品陈设与别墅装修的风格协调一致，温馨、精致感扑面而来。人们在参观作家展品之余，不能不感谢捐赠别墅的贵族。

三　博物馆之旅

最中央，就是司格特的雕像。而形成明显对比的是，瓦特等重要人物的雕像比起司格特的雕像，尺寸要小，位置要偏。在爱丁堡王子街的最中心位置，有宏伟壮丽的司格特纪念塔，这是我见过的足以和教堂媲美的超大型纪念性建筑。在作家博物馆，司格特占据了最重要的位置。这里可以看到他的手稿，他使用过的打字机等文物，还有丰富的评价资料。英国诗人拜伦说："他的小说自成一种新文学，他的诗相比任何作品都有过之而无不及。他无疑是诗坛霸主。"德国作家歌德说："司格特是一个伟大的天才，无与伦比。"俄国诗人普希金说："司格特的影响感染到了那个时代文学的每一个领域。"资料还介绍，当1832年司格特去世时，各地都在为他哀悼。在他死后不到一个月，爱丁堡市议会就做出决定：在苏格兰首都建造一个公共纪念碑来纪念司格特，规模要堪比他伟大的名字，能够向未来的人传递足够的证据来证明他那个时代的人对他的尊重。

　　走出作家博物馆时我有些依依不舍。回望这栋小楼，很令人感慨。一个民族需要有作家，还需要有欣赏与爱戴作家的公众，还需要有真诚和用心的态度来纪念作家，还需要有为这样的纪念活动而鼎力相助的政府或社会人士。爱丁堡做到了。这或许是联合国授予爱丁堡"文学之城"的重要原因之一。

　　外科医生博物馆。对医学一窍不通的我，之所以愿意去爱丁堡外科医生博物馆看看，主要原因在于许多景点和资料给我留下一个印象：苏格兰是现代医学的发源地之一。从18世纪到现在，苏格兰医学一直处于世界领先地位。外科医生博物馆或许能满足我对这个现象的好奇。

短短的外科医生博物馆之旅,我所收获的,不亚于大学的一门选修课。从皇家英里大道中段的南侧往里走,几分钟的步程就到了外科医生博物馆。走到这里我才知道,大名鼎鼎的爱丁堡皇家外科医学院就在这里,博物馆是医院的附属机构。爱丁堡皇家外科医学院成立于1505年,是世界上历史最悠久、知名度最高的医师培训管理机构之一。博物馆坐落在医学院院内,有一栋独立的大楼。馆内陈列有各种各样的外科手术工具,各种正常的和病态的人体骨骼,早期的手术台模型,各个时期外科手术领域的重要人物资料,等等。所有的展品都配有教科书式的详细说明;看完这些说明,你也就大致了解了外科医学的历史与现状。这可能是专业博物馆的一大特点。

我曾经历过几次大大小小的外科手术。从外科医生博物馆走出来以后,我才第一次产生了对这个学科和这种职业的敬仰。医学历史与人类历史一样悠久。而现代意义上的医学,尤其是外科医学,是18世纪以后才走向成熟的。苏格兰人在这个领域中的贡献令人敬重。在这里,我知道了辛普森(1811—1870)其人其事。辛普森是爱丁堡大学的医学教授,于1847年发明了氯仿这种新型的麻醉剂。

在这里,我看到了苏格兰启蒙思想的一个绝好的印证——科学方法的出现。博物馆材料上写道:"整个18世纪,一种更注重事实的药物与手术方法开始建立。启蒙运动提供了一系列基于仔细观察与实验的思考方式。科学思想逐渐替代了过去将疾病归咎于星象、宗教信仰和传统的旧思想。"

在这里,我开始关注一个有意义的现象:博物馆藏品的来源。博物馆提到一个叫巴克利的外科医生。巴克利是爱丁堡的一位比较爱丁堡外科医生大厅博物馆。

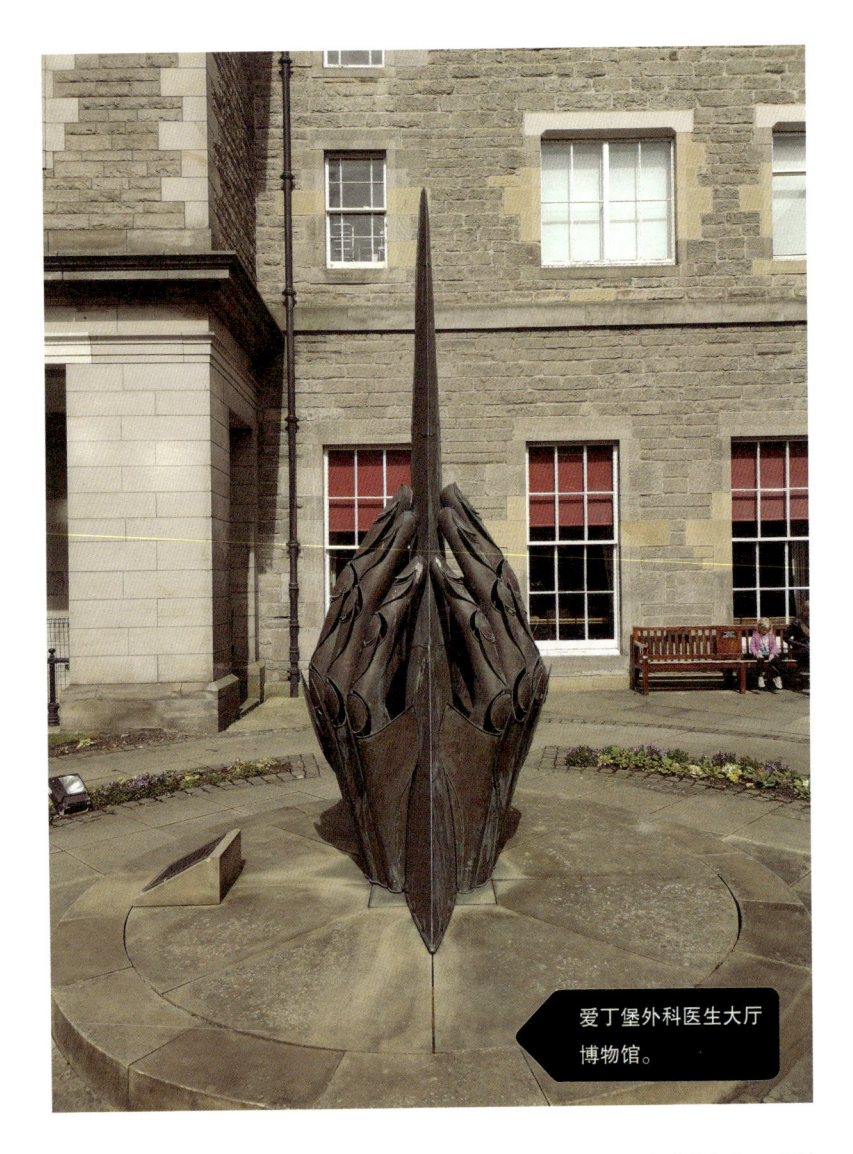

　　这是爱丁堡外科医生博物馆前的雕塑,从材料到造型,既充满现代感,又寓意满满。看得出,博物馆的意义已经超出收藏与展览,它是真善美的完美结合。艺术家们愿意把最精湛的技艺、最真诚的感情,献给博物馆事业。

为什么是苏格兰

解剖学的积极倡导者。他在1797年开始教授解剖学课程，之后的20年里，他的课一直是英国最受欢迎的解剖学课程之一。巴克利后来将自己的大量收藏品捐赠给了爱丁堡皇家外科医学院。当1832年这座建筑投入使用后，有一整间房子都用来陈列巴克利所捐赠的藏品，包括大象、骆驼、马、袋鼠、海象、火鸡，以及其他物种的完整骨架。

还是在这里，我再次看到一个熟悉的名字：约翰·亨特。在格拉斯哥大学的主楼内，我第一次看到亨特这个名字——亨特博物馆。亨特（1728—1793）生于爱丁堡，小时候家境平平，没有受过正规教育，20岁时才开始考虑自己的生涯问题。为了生活，他只身去伦敦碰运气，做了他的医生哥哥的助手。这个经历改变了亨特的命运。他在这里发现了自己的兴趣与天赋，后来成为解剖学和外科医学的重要奠基人，被人们称为"外科手术之父"。在外科医生博物馆，我看到这样一个记载，他在一封写给他朋友的信中说："你为什么只是在向我请教，为什么只是在自己思考，而不在实验中尝试一下？"这是科学精神的最为直观的解释。

这段话让我联想起了另一位苏格兰人引以为豪的医学家弗莱明。与亨特的经历有些相似，亚历山大·弗莱明（1881—1955）的人生也是从打工起步。弗莱明13岁时去伦敦投靠做医生的哥哥，后来因得到一笔遗产才上了大学，再后来就是一生的研究，以及接踵而来的成就。弗莱明于1926年发表了一篇论文《关于青霉菌培养的杀菌作用》。正是这篇被称为划时代的论文，使得弗莱明成为诺贝尔奖得主。我想特别讲的是关于弗莱明的一段有趣的故事。弗莱明性格内向，不善言辞。伦敦同行送了他一个"苏格兰古董"的外号。在一次业务讨论会上，主持会议的实验室主任问弗莱明："你有什么看法？"弗莱明答："做。"会议快结束时，主任再问弗莱明："你现在有什么看法？"弗莱明答："茶。"因为喝茶的时间到了。估计这次会议是在下午举行的，弗莱明惦记着他的下午茶。

外科医生博物馆犹如一所学校，在讲述着一段段从传统走向现代的故事。凡做过手术的人，都会感谢麻醉药的发明者；凡得过炎症的人，都会感谢消炎药的发明者。而这些发明者应该感谢的，是在17世纪出现、18世纪成熟的全新的做事方式：观察、实验、尝试、实践——今天称之为科学精神。作为游客，我还要感谢的，是那些收集、存储和展览这些故事的博物馆建设者。

若要仔仔细细看一遍皇家英里大道上的全部博物馆，估计得用一周的时间。这里有爱丁堡城堡——一座有千年历史的皇家宫殿；有荷里路德宫——建筑富丽堂皇，藏品价值连城；有大象咖啡馆——这里引发了作家罗琳的创作灵感，是《哈利波特》迷们的必去之地；有苏格兰威士忌酒体验馆——据说是世界上最好的同类博物馆之一；有苏格兰国家博物馆——苏格兰最大的综合性博物馆。大道往北20米处，有亚当·斯密故居。斯密晚年曾在这里住了十多年，直到离世。

## 博物山：卡尔顿山

卡尔顿山在爱丁堡旅游资料中的排名，紧随皇家英里大道，居于第二位。我从网上看到，凡来过这里的游客，对这个景点都赞不绝口。在这次爱丁堡旅游期间，我先后四次到过这里。卡尔顿山给我的印象之深、感受之多，不次于皇家英里大道。

称卡尔顿为山，有点夸张，其实这里只是一个小山丘。从山脚到山顶，步行仅需要一刻钟。这个景点在国人眼里，或许有些太简陋、太寒酸。山丘周边没有围栏，所有路口也都没有门卫、保安之类的管理人员。上山的道路都是碎石路。如果快步行走，鞋上不免要有一层不薄的尘土。景区很大，占据了一个小山头，但是，整个景区看不到高档花卉或精致草坪。据说，这里是俯瞰爱丁堡的最好位置。我看也有些夸张。我的体验是，若要近距离俯瞰爱丁堡，最好的位置是爱丁堡城堡；若要远距离俯瞰爱丁堡，最好的位置是亚瑟王座山顶。

那么，卡尔顿山是靠什么吸引着我，以及许许多多的游客呢？

对爱丁堡的赞美之词有很多很多。我认为分量最重的一句是"北方的雅典"。欧洲有许多的文化名城，如威尼斯、巴黎、魏玛、维也纳，而唯有爱丁堡赢得了"北方雅典"的殊荣。什么原因呢？我曾就这个问题请教过格拉斯哥大学教授、苏格兰启蒙运动研究专家贝里先生。教授的回答是：学界和大众都有这种说法，不过，不知道这种说法出自何时、何人，也没有标准的解释。

这次我的苏格兰之旅的关注点之一，就是努力寻求这个问题的答案。卡尔顿山之旅，或许有助于这个问题的回答。

我把卡尔顿山看作是一个生态性质的博物馆，我称之为博物山。"生态性博物馆"一词是博物馆学近年的发展成就之一。传统意义上的博物馆以建筑物为前提，多指在建筑物内展示藏品的地方。生态性博物馆包括了建筑、环境、遗址以至人们的记忆，强调展示对象休谟小道。卡尔顿山西侧。

这是卡尔顿山上的休谟小道，位于卡尔顿山西侧。小道从山底盘旋而上，直到山顶。因多数游客都走了山前的旅游大道，这条小道还像当年那样安静，也像当年那样简陋。

的完整性、真实性和原生性。依据这样的标准，卡尔顿是一个典型的生态性博物馆，是一座名副其实的博物山。

卡尔顿山的看点之一，是休谟小道。休谟小道在卡尔顿山的半山腰，是一条典型的山间小路。路面还算平整，但至今还是用很普通的碎石铺就，不知是经费原因，还是对历史原样的尊重。想来这条小道可能是休谟的最爱。这里有幽静的环境、清新的空气、开阔的视野。或许，休谟的许多思想，正是在这条小道的散步中萌生的。他生前为自己亲自选的墓地，就在卡尔顿山脚的西侧。那天临近日落，我从卡尔顿山的北坡进入景区，一个人慢慢地走在休谟当年经常走的小道上，探寻着一代伟人的足迹。往皇家英里大道方向望去，隐约可以看见亚当·斯密的故居。休谟与斯密，苏格兰的柏拉图和亚里士多德，或许常常在这里结伴而行，漫步卡尔顿山；或许聊累了，双双去皇家英里大道的小酒馆品品威士忌。思想的萌发与锤炼，需要这样的山、这样的路，以及这样的朋友。

卡尔顿山的看点之二，是斯图尔特纪念亭。这是为了纪念思想家斯图尔特（1753—1828）而建的。纪念亭小巧玲珑，是典型的建筑小品。精致的圆形底座上均匀地竖立着七根秀美的古希腊式立柱，立柱支撑着与底座相呼应的圆顶，各部分搭配相互呼应，浑然一体，给人雅致、高贵、简洁、轻巧、优美的感受。

这个精巧的纪念亭不仅为爱丁堡人所珍爱，也为各地游人所喜欢。几乎在介绍爱丁堡旅游资源的任何一种材料上都能看到这个纪念亭，爱丁堡的许多明信片上也都印着这个纪念亭的宣传照。网上很容易找到游客们以此纪念亭为背景拍摄的照片。

这是位于卡尔顿山顶的斯图尔特纪念亭。它由古希腊的得奖纪念亭改建而成，以其典雅精致而受人喜爱。它作为欧洲古典建筑的基本元素，出现在许多大型建筑作品中；也作为精美的建筑小品，出现在许多公共景观中。

碰巧的是，我在诗人彭斯的故乡阿洛韦小镇也看到过与斯图尔特纪念亭一模一样的建筑。这种建筑不是苏格兰人的首创，它的原型是雅典的一种建筑小品：得奖纪念亭。雅典人为了纪念在体育和歌唱比赛中获奖的优胜者而专门设计了这种纪念性建筑物，称之为得奖纪念亭。可以看出，爱丁堡人确实在许多方面传承着雅典文化。

在去苏格兰的路上，我正好在阅读斯图尔特所写的《亚当·斯密的生平和著作》。在卡尔顿山看到这个纪念亭，真有些惊喜。之前我真不知道这个建筑与斯图尔特的关系。斯图尔特可谓学者世家出身。他父亲是格拉斯哥大学的著名数学家，还是亚当·斯密的同事。或许是由于父辈之间的关系，斯图尔特是第一个在爱丁堡大学开设亚当·斯密思想研究课程的教授。在斯图尔特去世后的第三年，爱丁堡皇家学会选址于卡尔顿山，建了这个纪念亭。一个思想家的纪念亭，能在卡尔顿山有一席之地，可见爱丁堡人对学术与文化的尊重。

卡尔顿山的看点之三，是未建成的国家纪念馆。在卡尔顿山上，爱丁堡人收藏了一件特殊的文物：在一个看上去像废墟的地基上，孤零零地立着十几根高高的希腊式古典立柱。仅此而已。资料显示，为纪念在拿破仑战争中牺牲的战士，爱丁堡人决定在卡尔顿山上修建国家纪念馆。这个工程于1826年开工。然而，仅仅竖起了几根柱子以后便停工了，事实上是永远停工。停工的原因有点不可思议——没钱了；更不可思议的是爱丁堡人永久性地保留了这个半拉子工程。一个半拉子工程竟然成了卡尔顿山的一个景点，估计全世界也不多见。这原本是一个希腊风格的建筑，如果完工，堪比希腊帕特农神庙的雄伟与庄重。今天看到的这个废墟式古迹，也有几分雅典卫城的古风。这个烂尾工程留给游客许多的猜想和议论。民间就有这样的传说：当时的格拉斯哥正值工业革命的高峰时期，财大气粗的格拉斯哥人愿意资助这个工程。然而，丢不下首府面子的爱丁堡人拒绝了。爱丁堡人的选择是，既不筹钱续建，也不推倒填平，而是把它像宝贝似的原汁原味地保存下来。事实证明，历史永远厚爱尊重历史的人。再过千百年，它或许就是雅典卫城第二。

卡尔顿山的另一魅力，在于它是英国历史上第一个现代意义上的公园：具有公共属性的休闲场所。卡尔顿山原属私人地产。1724年，市政府采纳休谟的意见，买下了这块土地，建成了据说是"英国的第一个公园"。市政府这样说明此举的目的：为了市民的休闲、消遣和健康。

我看到这些文字时的第一个想法是，这个故事有资格为大英博物馆收藏。

现在看来，这些内容很是稀松平常，在不怎么发达的乡镇，也可以看到有这种理念与功能的公园或公共设施。然而，卡尔顿山由私产变为公园的故事发生在近三百年之前。那时，世界上许多地方还处于"前温饱"时代，民众的关注点不在休闲、消遣与健康，而在生存。忙于土地掠夺或宫廷内斗的帝王们更不可能顾及民众的这些需求。爱丁堡人开创了人类文明的先河：建设一个公共场所，它既不属于皇家，也不属于私家，而是属于大家。同时，它不是为了公众的安全或生计、而是为了公众的休闲与健康。

卡尔顿公园的意义在于，一种区分传统与现代的文明意识开始

这是未建成的苏格兰国家纪念馆，位于爱丁堡的卡尔顿山顶。因经费紧缺而被停工，成为废墟被保护而又被珍藏，这样的文物实属罕见。它记载着爱丁堡人曾经的愿望、行动和对历史的尊重。

三 博物馆之旅

成为主流文化的重要部分——公共。公共建筑,公共场所,公共生活,公共品德,公共事业。

## 博物镇:柯科迪小镇

　　柯科迪镇位于从爱丁堡到圣安德鲁斯的中间地段,现在的人口有四万多。我们在柯科迪的旅游,多数时间花在了柯科迪博物馆。这个博物馆在苏格兰大大小小的博物馆中非常一般。且不说苏格兰,即使在柯科迪镇所在的法夫郡,柯科迪博物馆也排在景点清单的靠后位置。我之所以要占用读者的时间介绍这个博物馆,最主要的原因是,这是一个小镇上的博物馆。

　　区区一个小镇博物馆,开始真没有引起我的兴趣和关注。我能有幸走进这个博物馆,纯属偶然,这得感谢亚当·斯密。这个镇是斯密的故乡,我是为了寻找斯密故居才来到这个小镇的。

　　像苏格兰的许多小镇一样,柯科迪安静、整洁、闲适。虽然是小镇,治理水平与文明程度,与爱丁堡市区没有任何区别。同样没有区别的,还在于小镇上的居民们享有充满现代性的心智生活,这里有剧场、高尔夫球场、图书馆,还有博物馆。

　　我们走进这个小镇的第一目标,是寻找斯密故居。很不凑巧,斯密故居正在维修,不能参观。于是只好把目标调整为寻找与斯密有关的其他文物了。在小镇主街道旁边的一条小道上,看到了斯密剧场。剧场是一个典型的欧式小建筑,入口的广告牌上写着近期的演出场次,看上去生意还不错。资料显示,这是后来为纪念斯密而建的一个剧场，实际上和斯密当时的生活没有多少关系。剧场对面，就是柯科迪博物馆。我们带着几分好奇，走进了这个普普通通的平层建筑。

柯科迪博物馆的陈设与管理，与国家级博物馆不差上下。一走进博物馆门厅，热情的工作人员就送给我一张地图——柯科迪地图。这是我迄今见过的第一张精致的小镇地图，是正式出版的标准地图。从门厅进去，是一个很大的咖啡厅。我很想和正在喝咖啡的几位聊聊，但出于礼貌，没敢造次。咖啡厅一侧，就是博物馆展厅。展品的陈列非常有特点，每十年一个部分，用实物、图片、文字等形式呈现这个时期镇上的重要事件和重要人物。一个普普通通的乡村，能留存如此丰富的历史资料，实不容易。当地居民的收藏意识、怀旧意识可见一斑。

看着小镇人收集的一件件藏品，我想起了书本上看到过的许多概念，如工业启蒙、自由贸易、劳动分工。如果想读懂亚当·斯密的经济学著作，一个有效的办法，或许就是到柯科迪博物馆看看。这是我当时的体会。在这里我看到了活生生的所谓港口贸易和国际贸易。柯科迪小镇濒临北海。当年柯科迪人的生意伙伴有法国人、荷兰人、北欧人、北美人等，外国生意似乎要多于本国生意。可以看出，现代贸易生来就是国际性的，市场经济必然走向全球化。

看着小镇博物馆的陈列品，我感受到了工业发展过程中产业分工的意义。几百年以前的柯科迪人，就在实践着我们今天所倡导的"一村一品"战略。当年柯科迪以生产油布出名。这座镇子是世界上的主要油布产地，并且一直是英国唯一的油布产地。图片上的文字说明写道:"整个镇子的天空中,充满了制作油布时的奇怪味道和亚麻籽油味道。"这种现象,不正是发展中国家此时此刻的写照吗?有了分工就有了专业;而有了专业,技艺的提高水平就更快,创新就更多。柯科迪博物馆有这样的文字介绍:"19世纪,柯科迪一带的工厂辅助英国成为了'世界工厂'。新式发明和产品被制作和运往全球各地。一些发明,比如自行车和电话,经受住了时间的考验。还有一些过时和消亡的产品,成了旧时代的奇闻逸事。"

博物馆的另一内容很是有趣。一件藏品记载了当年的柯科迪人对选举的态度。博物馆收藏了早年本镇的宪章,这是现存最早承认柯科迪是一个自治镇的记录。它认可了自治镇自选官员、依法治理、征收土地税等权力。"虽然宪章允许柯科迪人任命他们自己的官员,但他们直到1658年才选举了第一个镇长。他们质疑将过大的权力给予一个人的正确性,因为其他地方的镇长往往扮演着暴君的角色。"看得出,对权利的珍惜和对权力的怀疑,是英国的传统,几百年以前的柯科迪镇居民,就在掂量着自己手中的权力。

在这里,我看到了当年煤矿工人的挖矿情景。我很熟悉这些情景,因为小时候在吕梁老家常能看到和听到类似的故事。"早期的矿场使用房柱式开采法。工人开采部分煤炭,留下大部分作为顶柱。如此多的煤炭就这么浪费了。从19世纪中期至今,已有至少1750名矿工在矿难中丧生。"

最让我惊喜的是,我在这里看到了在中国国内都没有见过的早年《国富论》中文版封面照片。博物馆的文字说明写道:"此处的环境为亚当·斯密提供了灵感。斯密在柯科迪220号大街居住时写下了苏格兰柯科迪镇博物馆。

　　这是亚当·斯密的故乡柯科迪镇博物馆内的咖啡厅。我在彭斯故乡博物馆也见过一样的配置。看博物馆，不是匆匆来去、完成任务，而是一种寓观赏、学习、交流、休闲为一体的慢生活。

三　博物馆之旅

这本书的主干。《国富论》与《资本论》《圣经》齐名,并称图书三杰,人们争相览阅,随口引用。"

这仅仅是我在柯科迪博物馆逗留两个多小时的所见、所想。如果待更长时间呢?如果经常出入呢?一代又一代的柯科迪人就是在这种文化氛围中长大的。其他地方的孩子一个学期里靠死记硬背学到的那些书本概念,柯科迪镇上的孩子参观几次博物馆,也许就看到了,也理解了,更记住了。

英国人喜欢说:"英国的灵魂在乡村。"当然,这句话是有前提的。假若乡村没有文化,村民没有教养,这个所谓的灵魂会是什么模样?

## 博物馆的前世

苏格兰的博物馆,数量之多、内容之丰富,真令人流连忘返。观赏之余,我想追问一个问题:博物馆是古已有之呢,还是现代化的产物呢?或者说,博物馆与开启现代社会的启蒙运动有何内在关联?

英文museum(博物馆)一词的本意是"缪斯神庙"。因此,讲到博物馆的起源,几乎都是从缪斯神庙讲起。古希腊人对艺术与科学的重视,达到了令人吃惊、不可理解的地步。亚里士多德一生研究艺术与科学。他的学生亚历山大大帝深知老师的这一爱好。在南征北战的戎马生涯中,亚历山大从来没有忘记为老师收集各地的艺术品、古物等他认为老师会喜欢的物品。积少成多了,亚历山大的继承者们就在亚历山大城修建了专门收藏、保存文化珍品的建筑,取名"缪斯神庙"。缪斯是希腊神话中艺术与科学的保护神。缪斯神庙就是保存和保护艺术类、科学类珍藏物品的地方。这就是欧洲语言中"博物馆"一词的来历。

16世纪中叶以后,随着古希腊、古罗马文化的复兴,博物馆一词再次进入人们的视野。正是在这个历史节点上,博物馆的性质发生了质的变化:收藏从面向小众(私人或皇家)走向面向大众,公共性质的博物馆开始出现。这是传统性收藏与现代博物馆的分水岭。在这个节点上,牛津大学的阿什莫林博物馆扮演了极其重要的角色。大学办博物馆,是欧洲大学的一种传统,其起源或许就是牛津大学。牛津大学最早的博物馆叫阿什莫林博物馆。这个博物馆拥有两个世界之最:一是第一个规模最大、藏品最丰富的大学博物馆,二是第一个具有公共性质的博物馆。阿什莫林博物馆因此有"现代博物馆鼻祖"的地位。这个博物馆源自博物馆藏品的捐赠人阿什莫林。阿什莫林(1617—1692),是牛津大学的校友,一位优秀的律师,更是一位狂热的收藏家。他一生几乎倾其所有,包括他的精力与财力,用于一切可能的收藏。到了晚年,阿什莫林再次倾其所有地将全部收藏捐赠给了母校,要求只有一个:收藏馆必须用他的名字命名。于是就有了今天人们所看到的牛津大学阿什莫林博物馆。阿什莫林博物馆创建于1683年,比大英博物馆还早70年。

另一个不能不提的博物馆就是无人不晓的大英博物馆。媒体界有世界四大国家博物馆的说法,包括英国大英博物馆、法国卢浮宫博物馆、俄罗斯冬宫博物馆和美国大都会博物馆。其中资历最老的格拉斯哥大学亨特博物馆。

这是格拉斯哥大学亨特博物馆。我站在博物馆二层俯瞰展厅,眼前仿佛是一道动人的风景:标本制作精细,陈设整齐有序,装饰高雅华丽,游人神情专注。

是大英博物馆。像其他三大博物馆一样，大英博物馆早已是英伦旅游的热门景点。凡从英国旅游归来的人，都会绘声绘色地谈论大英博物馆。我的关注点是：大英博物馆何时而建？为谁而建？藏品何来？这三个问题要倒着回答，因为藏品才是问题的关键。

没有汉斯·斯隆，也许就没有今天我们所看到的大英博物馆。汉斯·斯隆（1660—1753）在英国历史上大名鼎鼎。他是著名医生，在天花接种疫苗、奎宁等药物的发明和推广中做过重要贡献。据说他还发明了一种牛奶巧克力饮料。由于他在医学方面的成就，继牛顿之后，他做了一任英国皇家学会会长。作为贵族，他一生珍爱他所能看到的各种有价值的物品，他是那个时代最优秀的收藏家之一。汉斯·斯隆把这种高贵优雅的品质延续到生命的最后——他在遗嘱中写道：为了促进物理学和其他艺术、科学的发展，促进人类福祉，他愿意将他所拥有的全部藏品都赠给乔治国王。"全部藏品"是多少？71 000件。即使用今天的眼光看，这也是一个令人吃惊的数字。吃惊在他竟然收藏了如此多的物品，他尽然愿意将如此多的物品捐赠出去！

然而，好事多磨。乔治国王起初因资金原因而对此事态度冷淡，因为汉斯·斯隆的捐赠附带着一个不小的条件：要求国王给他的继承人两万英镑的回报。国王的冷淡或许还另有隐情，因为斯隆还有另一个要求：藏品必须维持其整体性，必须向公众开放。这两个条件都有些为难国王：钱要国王出，藏品则归公众。好在斯隆选定的托管人非常忠诚于主人，他们积极采取办法，也有耐心地等待。五年以后，捐赠一事才争取到了国王和国会的同意，大英博物馆终于正式开馆。大英博物馆从开馆之日起就遵循了捐赠人的意愿,面向公众开放。大英博物馆因此被称为现代以来的第一个国立公共博物馆。

在博物馆发展史上,卢浮宫有着另一种意义的贡献。从卢浮宫到卢浮宫博物馆的变迁,是历史上一件极其有影响的事件。在改为博物馆之前,卢浮宫与那个时代的任何一个皇家宫殿一样,壁垒森严,神秘莫测。从12世纪始建到法国大革命结束,五百多年的时间里,卢浮宫的奢华与辉煌与日俱增,但能出出进进的只有皇室与贵族。直到法国大革命以后的1792年,法国国民议会采纳了教育委员会的建议,将卢浮宫改建为法国国家博物馆。第二年,卢浮宫博物馆即正式对公众开放。这件事的影响就像法国大革命一样,是全球性的。今天的普通游客能走进莫斯科的克里姆林宫、维也纳的美泉宫、北京的故宫等宫殿,多多少少受卢浮宫变迁的影响。

我国古代的宫廷与民间都有收藏传统,但真正意义上的现代博物馆的出现,还是比较晚近的事。19世纪晚期开始,西方传教士在我国上海的徐家汇等地建了一些规模不大的博物馆,而能载入我国博物馆史册的事件,首选张謇和他的南通博物苑。从现代化这个本书所关注的主题看,张謇的思想、精神和贡献,用功不可没来评价毫不夸张。张謇(1853—1926)是现代意义上的实业家、教育家和政治活动家,他一生所成就的事业,即使用今天的标准看,也令人惊叹。他创办过二十多个企业,为我国纺织工业的发展做了开创性的探索与贡献。他积极参与了那个时代的许多政治活动,做过北洋政府的农商总长和水利总长。他深知现代教育在现代化事业中的作用,因此尽他所能,推动教育事业发展。他是复旦大学、东华大学、南京大学、南通大学、上海海洋大学、河海大学等学校的创始人或创始人之一。他一生参与创建的学校达370多所。不难理解这样一位有现代情怀的人，对博物馆事业的态度。他很早就意识到博物馆的文化价值，曾几次上书清政府呼吁建立博物馆。在呼吁无果的情况下，他在自己的家乡，自己创办了面向公众的博物馆，以实现他的教育救国的理想。这个故事发生在1905年，比故宫改造为故宫博物院早20年。

这就是博物馆的前世。我们能从博物馆的发展过程看出，现代化的内涵囊括了文明的方方面面，绝对不仅仅局限于物质与技术。从古代收藏到现代博物馆的变迁，是现代文明的重要体现，也是现代文明的重要组成部分。博物馆的现代性，如下文所讲，体现在人们生活的许多方面。

## 博物馆的今生

接下来想谈谈博物馆的今生，即博物馆的现代性。

苏格兰之旅，一定意义上就是博物馆之旅。在苏格兰旅游期间，我们把大把的时间都用在了参观博物馆上。这样的旅游经历促使我思考有关博物馆的一些问题。

游走博物馆的感受，与风景名胜的观光完全不同。每次走出博物馆，总有一种想再回头看看的感觉。博物馆总是在记述着一段过往的故事，总把人带入一段过往的历史，而恰恰又是在与过往的触摸和交流中，又让人有一种强烈的现代感。似乎越是现代，才越能读懂过往，才越珍惜过往，才越愿意与过往对话。

博物馆与山水、花草、海滩、园林的区别是什么？牛津博物馆、大英博物馆的出现意味着什么？为什么越是发达的地方，博物馆业的发展就越好？为什么越来越多的人愿意将参观博物馆作为一种生活方式？博物馆与现代化有什么样的关系？……旅游归来的一段时间里，我总在想这些问题。

先谈收藏。每走进博物馆，我首先好奇的问题是，藏品从何而来？谁在收藏？收藏什么？怎样收藏？为什么收藏？与现在的一些为建博物馆而建博物馆现象有所不同，17世纪、18世纪博物馆的兴起轨迹是：先有藏品，才想到去建一个收纳藏品的房子。藏品才是博物馆的源头。

从文艺复兴到启蒙运动这段时间里，收藏这一古老的现象，正在发生着一些微妙的变化。

变化之一，收藏人的身份在变。过去有收藏资格的人，多数是有稀世珍宝的人，以及有钱去买稀世珍宝的人。因此，收藏的话题只存在于宫廷、贵族等上流阶层。现在，随着地理大发现、科学考察与探险、传教等活动的出现，收藏成为新型社会精英所热衷的话题。在他们中间逐渐形成了一种风气，似乎收藏体现着一个人的品位和修养。探险家、科学家、医生、博物爱好者等专业人士逐渐成为收藏的主角，收藏活动慢慢向社会的中间阶层发展。

变化之二，收藏的品种在发生着重要变化。植物动物标本、矿石、出土文物、生产生活器物、书籍、信件，等等，这些与传统收藏连边都不沾的东西，恰恰成了新收藏者们的喜爱。与自然、历史、苏格兰国家博物馆。

　　这是建筑师罗伯特·亚当的作品,为苏格兰国家博物馆收藏。看到这件展品时,我有几分惊喜。此前资料上看到过亚当家具作品的图片,现在终于看到实物了!样式典雅、细部精致、兼顾审美与实用,是亚当风格的特点。

三　博物馆之旅

民俗等相关的内容，前所未有地受到收藏者的关注。收藏者越来越关注藏品的知识含量与信息含量。

变化之三，收藏的驱动力在发生着变化。收藏者们看重的，不再是像珠宝玉器类藏品那样的金钱价值，而是藏品所承载的认识自然世界、认识人类、传承文明的文化价值。收藏逐渐与许多领域的学术研究相结合，成为人们认知活动的辅助形式。标本收藏开始为考古学、人类学、生物学、矿物学等学科所关注，也成了大学和中小学的基本配置。收藏活动更多地在满足人们的心智需求。

变化之四，藏品的专业性处理提上议事日程。收藏一件价值连城的珍宝与收藏一只濒临灭种的鸟类标本，其方法完全不同。藏品分类与标本制作，完全是现代以来的概念。每每看到博物馆里陈列着栩栩如生的各类标本，我总有一种感恩之情，感谢那些最先想到和尝试做标本的人，感谢那些最先提出动物、植物、矿物、古迹等分类概念的人。没有现代科学的深入人心，就不可能有各种类型的自然博物馆。

再谈捐赠。现代早期的博物馆藏品，多数来自收藏者的捐赠。我曾试想过：假如是我，我愿意把凝聚自己心血的、属于自己所有的批量藏品，捐给一个没有具体对象的所谓"公众"吗？改变观念走向的，正是那些一个又一个的慷慨捐赠者。事实上，捐赠只是这种伟大情怀的最后一个行动，收藏行为本身就已经包含了一种可贵的公共精神。这些人最初不惜代价，甚至冒着生命危险而做收藏的时候，驱动他们的，不是卖出高价，或传给子孙，而是对物品的文化价值、认知价值的领悟与珍爱。在他们眼里，这些藏品的真正主

苏格兰凯文格罗斯博物馆大厅。收藏珍品的博物馆自身无不是珍品。

　　这是位于格拉斯哥大学附近的凯文格罗斯博物馆大厅。博物馆自身就是一件值得收藏的建筑珍品，其结构、用材、装饰、色调的讲究与奢华，令人惊叹。它堪比皇宫、庄园，但为大众所有，人们可以自由出入。

三　博物馆之旅

人是人类，于是才有了大大小小的捐赠行为，才有了阿什莫林博物馆、大英博物馆、南通博物苑。英国博物馆协会对博物馆的要求是：为了公众的利益，承认谁制造的、谁使用的、谁拥有的、谁收集的和谁捐赠的。个人权利的保护与公众利益的满足，在这里得到完美的结合。

再谈博物馆建筑。苏格兰是最早进入现代化的地区之一。我把苏格兰博物馆的出现，看作是苏格兰进入现代化的标志之一，我还愿意把博物馆建设的质量与数量，看作一个地区或国家现代化水平的维度之一。同是旅游资源，自然美景是上苍创造的，博物馆才是人的作品。

收藏活动的发展，给了建筑师们一个绝好的机会，让他们的作品有可能成为人类的另一种收藏：博物馆建筑。事实上，绝大多数博物馆本身就是建筑精品，人们像欣赏博物馆内的藏品一样，欣赏着博物馆的建筑风格、装饰风格、陈列风格。我第一次走进格拉斯哥大学亨特博物馆时，首先令我震撼的是美轮美奂的藏品陈列。这一冲击力至今犹在。格拉斯哥的凯文格洛夫博物馆、爱丁堡的苏格兰国家博物馆等，都已经成为当地的地标性建筑。现代主义建筑风行的今天，博物馆设计更是建筑师们大显身手、一举成名的最好机会。

博物馆建筑出现的时代，也是皇宫建筑式微的时代。这种现象的象征意义是很清楚的。公共场所、公共建筑逐渐走向文明的中央。现代留给后人的纪念性建筑，不再是皇家宫殿、皇家陵墓或私家豪宅，而是博物馆、剧院、音乐厅、广场等公共性建筑。这就是现凯文格罗夫博物馆。

　　这是格拉斯哥的凯文格罗夫博物馆大楼，建于1901年。博物馆因其建筑精美、藏品丰富而为游客喜欢。据说，参观此博物馆的人数超过爱丁堡城堡，仅次于大英博物馆。

代性。

同理，一个城市或一个乡村，若要有魅力，须有一张名片；若要让人喜爱和留恋，须有自己的文化。博物馆就是现代城市和乡村的名片与文化。

再谈博物馆的游客。谁是博物馆的游客？谁喜欢去博物馆？博物馆对游客的魅力何在？这或许是全部问题的落脚点。没有人看，何谈博物馆？

我喜欢博物馆，因为博物馆是精致与典雅的典范。走进博物馆，你瞬时有一种自己也突然变得精致典雅的感觉，因为这个环境在熏陶着你，约束着你。我想不出有哪种公共场所能超越博物馆的精致与典雅。从建筑、装饰、陈列，到管理和游客，博物馆的各种构成元素共同营造着一种氛围：以敬畏与珍爱的心情参观展品。人们仔细观赏着，慢慢走动着，轻声交流着，默默赞许着。人们在欣赏与思索中接受着熏陶。

我喜欢博物馆，因为在博物馆里可以感受到公共记忆与公共珍爱。从藏品的制造者和使用者，到藏品的发现者和收藏者，再到现在和未来的藏品欣赏者，其中的时间与空间跨度可想而知。但是，人们所珍惜着的，是共同的记忆、共同的语言、共同的价值。在博物馆里，人们因公共记忆而忘却了时间，因公共珍爱而拉近了空间。参观者会有一种归属感：不是我一个人，是我们大家都在欣赏。

我喜欢博物馆，因为博物馆在充分满足着我的心智需求。我把博物馆的宗旨与生命概括为：尊重感受，事实说话。藏品是博物馆的生命所在。藏品是活生生的物，有故事的物，会说话的物。藏品给游客以真实的、零距离的触摸、观看、倾听、感受、体验。这种心智满足的特点在于用事实说话。在博物馆里发生的，不是高高在上的说教，而是对话与交流，启迪与思考。

我喜欢博物馆，因为博物馆收藏着最精美的艺术作品。在博物馆里所看到的绘画、雕塑、瓷器、玉器等艺术与工艺精品，每一件都让你震撼和惊叹。然而，请读者朋友想想，如果没有博物馆，普通人怎么可能有机会看到这些价值连城的藏品呢？博物馆给了普通人与权贵、富商一样的资格和机会，去欣赏那些以往看不到，也买不起的传世珍宝。

需要特别说明的是，这里的"我"，只是一种表达方法。"我"可以是任何一个博物馆爱好者。

博物馆是一个奢侈的话题吗？

在发展中国家，博物馆或许还是一个小众话题。但是，现代化的发展趋势之一，就是博物馆的数量与种类将越来越多，藏品内容与展出形式将越来越丰富，参观博物馆的人将越来越踊跃。博物馆将从奢侈走向普通，从小众走向大众，成为人们的基本需求。最早进入现代化的英国是这样，美国等发达国家也是这样。据说美国博物馆的数量超过了麦当劳和肯德基连锁店的总数，平均不到一万人口就有一个博物馆。

随着博物馆事业的发展，人们的博物意识也在发展。珍藏过往，将会是人们的一种生活品位与生活习惯。每个人的书房或客厅，都可能是一个微型博物馆。闲暇时候，和家人、客人分享自己的收藏：儿时的玩具、旧日的家电、旧版的图书、某次旅游带回来的工艺品……

到那时，人人都是收藏家，家家都是博物馆。

格拉斯哥凯文格罗夫博物馆藏品。一次瘟疫中失去妻子和母亲的父女。

这是格拉斯哥凯文格罗夫博物馆的一件藏品：一次瘟疫中失去妻子和母亲的父女。我在这件作品前停留了很久。博物馆使得个人的情感变为公共珍藏。

为什么是苏格兰

# 四　大学之旅

## 苏格兰的秘密

去欧美国家旅游，著名大学往往是必看的景点。这种现象在亚洲、非洲、南美洲等地的旅游中很少见到。这也正是欧洲与美国的独特之处，或者说，是欧洲与美国最早开启现代化进程的一个重要原因。去波士顿旅游，一定少不了游哈佛大学与麻省理工学院。去洛杉矶旅游，加州理工学院是必去之地。同样，去英格兰旅游，牛津、剑桥这两座大学城肯定在计划之内。我这次的苏格兰之旅，一定意义上讲，就是为爱丁堡大学、格拉斯哥大学等几所大学而去的。苏格兰之旅，印证了我出发前的判断：苏格兰的自然景色确实美不胜收，但是，苏格兰独一无二、不可替代的景点，不仅养眼、更能养心的景点，还是爱丁堡大学、格拉斯哥大学，以及圣安德鲁斯大学、思克莱德大学。

苏格兰人有理由为他们的大学骄傲。这个仅有500万人口、10多万平方公里的小地方，为全世界从传统到现代的变革伟业，做出了功不可没的贡献。这里诞生了苏格兰思想启蒙运动、工业启蒙运动、市场经济理论、商业社会理论，以及蒸汽机技术、麦克斯韦电磁场理论、青霉素技术、电话技术、克隆羊技术，等等。所有这些贡献的最重要源头，就是苏格兰的大学。没有大学，就不可能有以上任何一种成就。

做出这种判断的依据是，现代与传统的一个重要区别，体现在社会进步的性质、方式和速度上。农业文明的进步主要靠经验积累，这些经验源自大量的成功和失败。这些成功与失败发生在真实的生产、生活中，而不是实验室、试验区或学术论坛。因此，农业文明的进步只能依赖于人们在实际生产、生活中所积累的经验知识，而不是基于专业研究的科学知识。人们所掌握的技术也大致如此，人们在使用着从经验中积累的技术，但并不知道，也不关心技术的科学依据，因而不可能从科学发现走向技术发明。这种背景下，不乏少数天才和天才般的发明，但由于没有专门的研究、提炼、传播和保护的制度机制，其实际影响是很有限的。这种文明的发展速度自然是很缓慢的。现代文明带来的变化之一是进步在性质、方式和速度等方面的变化。大学对这种变化的出现有着决定性作用。

大学是苏格兰现代化事业的起点和动力。在英格兰的牛津、剑桥两所大学创建不久，苏格兰就有了格拉斯哥大学、爱丁堡大学、圣安德鲁斯大学和阿伯丁大学。在这四所大学之中，圣安德鲁斯大学最古老，成立于1413年；爱丁堡大学最年轻，成立于1582年。这个时候，欧洲以外的任何地方，最有想象力的神话故事也没有想象到大学为何物。到18世纪初，也就是亚当·斯密、瓦特、休谟等上学和工作的年代，这四所大学都已经成为欧洲名校。

以圣安德鲁斯大学为例。这所大学位于爱丁堡以北的圣安德鲁斯镇。大学成立之初，镇上的人口仅千人左右，即使今天，这里也只是个不到两万人口的小镇。六百多年里，人世间经历了沧海桑田般的变化，欧洲在中世纪出现的许多大学，都没有逃脱萎缩、关闭的命运，而圣安德鲁斯大学则由小到大，稳步发展成为一所世界名校。在近年各种大学排名中，圣安德鲁斯大学都稳居世界百强。有一次曾排在剑桥之后，牛津之前。这个苏格兰北方小镇，养育着一所世界级的研究型大学，吸引着来自世界一百多个国家的学者和学生，培养了六名诺贝尔奖获得者等一批又一批的各界人才。用我们的观念看，小镇办名校，六百多年长盛不衰，确实不可思议。

除了上述四所古典大学以外，19世纪以来，苏格兰相继新建了四所大学，包括我去过的思克莱德大学和赫瑞·瓦特大学。这个时期的世界各国，都深知大学的重要性，都在大跃进式地办大学。从各地的经验和教训看，新办一所大学容易，办好一所大学则非常难。苏格兰人似乎掌握了办大学的秘密。这四所新办大学在不长的时间里，也都成为以学术研究为宗旨的世界名牌大学，即研究型大学。

我在格拉斯哥期间，因业务活动需要，几次走进思克莱德大学。这所大学留给我的最大印象是古典与现代的完美融合。这里有和格拉斯哥大学一样古典的早期建筑，更有时代感十足的现代主义建筑。校园里有一处田园般的景观：在几栋建筑中间，有一个建在斜坡上圣安德鲁斯大学。

　　这是苏格兰圣安德鲁斯大学校园。参天大树印证着她六百多年的光荣历史。学校虽地处边陲小镇,但始终享有世界名校的声誉。仅以生源为例,15%的学生来自美国、加拿大,30%的学生来自世界各地。

为什么是苏格兰

的大花园。茂密的花草树木之间，一条小河缓缓流过，河水清澈见底。小桥流水，曲径通幽，很有些中国园林的风格，美得让人陶醉。思克莱德大学的研究与教学，像她的校园建设一样成功。大学建立于工业革命初期，创办者适应社会需要，提出了很朴实也很现代的办学宗旨：学以致用。多年来，学校致力于研究有用的问题、培养有用的人才，金融、工程、设计、教育等学科的排名，都稳居世界名校之列。

20世纪90年代以来，随着高等教育的普及，苏格兰又新建了五所大学。看得出，从中世纪至今，苏格兰高等教育在每一个发展阶段都处于领先地位；大学的数量与质量，总保持着与社会、经济发展的相互适应。

概括地讲，苏格兰的大学既起步早，又发展平稳；既有质量，又有数量；既尊重纯学术研究，又关注社会在不同发展阶段所需要的应用性研究。这是苏格兰所以能够最早开启现代化进程的秘密，至少是秘密之一。

我同意学者们的观点，大学既是现代化的原因，又是现代化的结果。后者是水到渠成的事，难点在前者。苏格兰无疑享受了办大学的种种好处。比如，在科学、技术、经济、艺术、文化等许多领域，大学都为当地的发展提供了源源不断的知识与人才。但是，对苏格兰而言，这些好处都是后话，是亚当·斯密所讲的"无意图的结果"——最早办大学的那些人根本没有想到大学的这些好处。

如果把办大学看成是苏格兰率先开启现代化进程的秘密，那么，新的问题是，苏格兰人率先办大学的秘密又是什么？

我的关注点在原创：为什么在很早的时候，就有那么一些人，愿意尊崇自己的心智需求，愿意为一些莫名其妙的问题而耗尽生命？为什么这些人愿意走入一个叫大学的地方，心无旁骛地过一种叫学者的生活？这些人是怎么创造出教授、讲师、课程、学制等一整套大学管理制度的？为什么有人愿意为这些学者提供图书、实验等昂贵的研究条件？作为现代发明之母的大学是怎样被发明的？……这是苏格兰的秘密，其实也是欧洲开启现代化进程的秘密。

## 格拉斯哥大学游

我们的旅行是从格拉斯哥大学开始的。格拉斯哥大学位于格拉斯哥市西区。在出发前选择酒店时，我优先考虑的就是靠近格拉斯哥大学的西区。所住酒店距格拉斯哥大学主校区仅一刻钟的路程。如果把格拉斯哥大学学生宿舍区也看作是格拉斯哥大学校区的话，我们的酒店与格拉斯哥大学仅有一河之隔。第一次走进格拉斯哥大学主校区，我全部的注意力都被宏伟的主楼建筑和美丽的校园所吸引。第二次及之后的格拉斯哥大学之旅，就是在漫步校园、品味文化、感受魅力、对话历史。这些该算是心智之旅了。

主校区占据了格拉斯哥市西区的一个小山丘，建于19世纪70年代。建筑以典型的欧洲古典建筑风格为主，古香古色，能感受到一股扑面而来的文化气息。校舍虽然仅有一百多年的历史，然而，深灰色的砂岩石墙、参天的大树、弯曲的小道、安静的校园，无不体现着厚重的历史感。这种历史感不是源自人为的装点，而是几百年发展的积淀。

在大学家族中，格拉斯哥大学算是一位老者，已有五百七十多年的历史。1451年初，苏格兰国王写信给罗马教皇，请求在格拉斯哥建一所大学。此请求在同年6月即获得批准，四个月以后格拉斯哥大学即正式开学。这个办事效率算是够高的了。第一批注册的学生仅有50多人，最初的校舍是租赁来的两个小院子。直到1870年，学校才搬到现在的主校区。最早的教师以神职人员为主。启蒙运动前后，人文主义学者逐渐成为教师队伍的主体。教师分为讲师、教授等级别。基础性课程主要有希腊文、拉丁文、逻辑、修辞、几何、天文学、哲学等，都是典型的通识性、博雅性课程。专业与学科主要有神学、文学、法学、医学。学生学习三年后可以获得学士学位。学生主要来源于教士、市民、农场主家庭。学生毕业后以服务教会、政府和大学为主。办学经费主要来自国王拨款、社会捐赠和学生学费。

这就是早期格拉斯哥大学的基本情况，其实也是欧洲早期大学的基本情况。

当然，把格拉斯哥大学尊称为大学家族中的"老者"，完全是后发国家的看法。用欧洲人的眼光看，老者的尊位还轮不上苏格兰的任何一所大学。世界公认，意大利的博洛尼亚大学创建于1088年，在高等教育领域享有"大学之母"的崇高地位。紧随其后建立的是英国的牛津大学（1096年）、西班牙的萨拉曼卡大学（1255年）、法国的巴黎大学（1257年）。长期以来，这四所大学被称为欧洲四大文化中心。

令苏格兰人引以为豪的是，继牛津大学以后，英格兰仅有剑桥

这是格拉斯哥大学主楼中部的底层。走进这里，游客们都发出了情不自禁地惊叹。雄伟中带有几分神秘，这或许就是建筑师想要的效果。

大学，而苏格兰相继出现了圣安德鲁斯大学等四所老牌大学。这种二比四的结构一直延续了三百多年，虽然牛津、剑桥享有更高的国际声誉。苏格兰人习惯把出现在中世纪的四所大学称为"古典大学"，以区别于19世纪以后新建的现代大学。

还是把思绪拉回到格拉斯哥大学校园。游格拉斯哥大学校园，我心心念念想寻找的是亚当·斯密与瓦特的足迹。亚当·斯密15岁时进格拉斯哥大学，在这里做过学生、教师、教务长。遗憾的是，所有这一切都不是在现在的这个校园发生的。今天的格拉斯哥大学没有慢待她的最伟大的学生。在主楼一层的一个拐角处，我看到了"亚当·斯密商学院"的门牌。这个商学院在世界经济领域有如雷贯耳的声誉。或许是传承了斯密的思想与智慧，或许是受斯密的庇护，亚当·斯密商学院的各种世界排名都在前几位。许多人是慕亚当·斯密之名而来这里求学的。

那天因为没有预约，我没能走进商学院看看；好在几天以后，我有机会走进格拉斯哥大学的亚当·斯密大楼，算是对那天遗憾的弥补。我事先约好了与该校的贝里教授在亚当·斯密大楼见面交流。有关这次交流的内容，我在后文会谈到。在格拉斯哥大学新校区，我找到了亚当·斯密大楼。大楼紧靠学校新图书馆，是一栋现代风格的高层建筑。咖啡厅在紧靠一层入口处。那天来咖啡厅的人不多。在与教授交流的前前后后，我不时在看着、想着这里的人和事。

格拉斯哥大学有理由让我走神儿。这是一个藏龙卧虎的宝地。如果把亚当·斯密比作从格拉斯哥大学腾飞的龙，那么，瓦特就是从这里跃出的虎。格拉斯哥大学以至格拉斯哥市，用各种方式纪念着她们的天才。格拉斯哥大学工程学院的大楼被命名为瓦特大楼，这是情理之中的事。瓦特有资格享受这个荣誉。受瓦特影响，格拉斯哥大学致力于建设世界一流的工程学院。早在一百五十多年以前，许多地方还不知道大学为何物的时候，这里就建立了工程学院。这所工程学院即使在英国也是最古老的。前不久在我修改本书文稿时得知，为纪念瓦特逝世200周年，格拉斯哥大学工程学院改名为瓦特工程学院。其实，如果把瓦特研究蒸汽机的历史也算进去的话，格拉斯哥大学的工程专业应该开始于更早年代。史料记载，早在1774年，格拉斯哥大学就授予瓦特荣誉法学博士学位，并将该校的工程技术实验室改名为瓦特工程技术实验室。

我所以对这些故事感兴趣，主要是出于对两个问题的关注。其一，对于那些为民族和人类做过贡献的优秀人物，后世应该如何纪念。苏格兰以尊重传统著称，斯密、瓦特已经成为格拉斯哥大学的文化基因；其二，由科学而技术，由技术而工程，再由工程而科学，是社会进步的一种新型回路系统。格拉斯哥大学在这方面做出过历史性的贡献。

这里稍作停顿，谈谈对实验室的看法。凡上过中小学的人都知道实验室。我所追问的还是原创问题：实验室这种建制是谁第一个想出来的？人类的第一个实验室是什么时候出现的？实验室的出现对现代文明的影响是什么？我认为，实验室的出现是一件划时代的事件，是现代性的重要体现。是否有实验室建制，是否形成实验文化，是衡量一个民族、一种文化是否进入现代化的一个标志。

实验室的建制标准与实验的操作规范，主要是由欧洲的大学完成的。现代意义上的实验活动,开始出现于16世纪、17世纪的欧洲科学界。那个时候,像伽利略在比萨斜塔上做实验的故事,逐渐被人们欣赏和效仿。科学史家认为,早期的实验室,多数建在科学家或者科学爱好者自己的家中。科学实验的演示,经常出现在各种类型的协会活动、朋友聚会场合。人们基于好奇心与探究欲,自发参与各种有趣的实验活动。多数情况下,实验是一种优雅而高贵的爱好。今天所讲的科学方法,正是在这个过程中逐渐形成的。

从经验到实验一字之差,恰恰跨越了一个时代。实验体现了现代人对困惑、问题、猜想、愿望的一种全新态度:谨慎、谦恭、尝试,用事实说话。人们总会遇到各种各样的好奇或困惑。经验与实验的分水岭就在于遇到问题以后的不同态度。实验的选择是,先把解释或解决问题的任何一种可能性看作假想,再通过严密的实验去验证假想的是或否。从假想到结论,实验是不可选择的必由之路。实验与经验的区别在于,实验的范围可控,条件可控,过程可控,损失可控。实验的最后结果是精准的、量化的,可呈现、可复制、可评价、可改进的。早期的实验主要发生在物理、化学、生物等自然科学领域,这些学科因而也最早走向成熟。实验方法很快升华为实验精神,扩展到科学的各个领域,如社会科学研究广泛采用的考察、调查、数据收集与分析、区域试验等。

由于实验室的无可争议的地位与作用,实验室很快成了大学的基本建制。就像大学必须有自己的图书馆、博物馆、植物园一样,没有规范的实验室,就不能叫大学。在这方面,或许受瓦特的影响,格拉斯哥大学属于做得最早、最好的大学之一。蒸汽机的改进,是格拉斯哥大学的几位教授和一位实验员,以及格拉斯哥及伯明翰的几位企业家和一位实验员一起完成的。这位实验员就是瓦特。

这件事的象征意义是:技术与科学、发明与发现的关系,以及科学技术与企业的关系,从瓦特时代开始,发生了质的变化——从过去的相互独立走向了现代的相互依从、相互融合。如果一定要确定这种变化的发源地的话,格拉斯哥大学有这样的资格。

瓦特及瓦特家人深深怀念这所大学。在格拉斯哥大学主楼的亨特博物馆入口处,醒目地摆放着一尊雕塑。瓦特端坐在一把椅子上,身穿大衣,一派绅士风度,一张打开的图纸样的资料摆放在双腿上。瓦特正在聚精会神地勾画着什么,双脚旁还放着厚厚的一卷图纸。雕塑的底座上刻着如下文字:"这是伦敦皇家学院和爱丁堡皇家学会成员、法兰西科学院院士詹姆士·瓦特的雕像。雕像由他的儿子赠送给格拉斯哥大学,以此感谢格拉斯哥大学的教授们对他父亲早年科学追求的鼓励。"

瓦特的儿子表达了瓦特全家的真实心情。瓦特一生感谢格拉斯哥大学。我能理解瓦特的这种心情。瓦特的出身很普通。尽管他的家离格拉斯哥大学很近,但迫于生计,他没有机会做这里的学生。20岁的瓦特从伦敦学徒期满后,怀着忐忑的心情回到格拉斯哥。很巧,格拉斯哥大学刚刚接受了一位校友的一批天文仪器捐赠。在一位格拉斯哥大学教授的推荐下,瓦特以实验员的身份,开始了他在格拉斯哥大学的工作,也开始了他精彩的人生。这个时候,亚当·斯密正在这里工作。两位伟人从此相识,成为密友。瓦特的最重要的研究、实验与发明,都是在格拉斯哥大学完成的。可以断定,没有格拉斯哥大学,就没有瓦特;而没有瓦特,蒸汽机的发明以及工业革命的历史也许就要重写。

关于这些有趣的故事,本书在后面还将谈到。为表达感激之情,晚年瓦特在格拉斯哥大学设立了奖学金。在学校为他举行的奖学金捐赠仪式上,瓦特用他一贯的简朴风格讲道:"我曾在格拉斯哥大学度过了一段愉快的时光。在和学校友好协商后,我希望以设立奖学金的形式,将自己的感激之情永远留在这里,并激励格拉斯哥大学的同学们投身到物理和化学的研究。在我看来,它们都是对社会的发展和进步非常有价值的学科。"

## 爱丁堡大学游

爱丁堡大学是苏格兰四所古典大学中的后起之秀。建校虽然晚一些,但现在的排位却最靠前。能亲眼看看爱丁堡大学,是我很早以前就有的期待。上大学时读休谟的《人性论》和休谟传记,知道了英国有一所叫爱丁堡大学的著名学府。那时候还真不知道苏格兰这个地方。后来对苏格兰启蒙运动有了较多的了解,才知道英国北部有个苏格兰,苏格兰的首府是爱丁堡。可以这样说,如果把爱丁堡称为"北方雅典",那么,爱丁堡大学就是"北方雅典"的灵魂所在。

游爱丁堡大学就是游爱丁堡市。从建校到现在的五百多年里,城市发展到哪里,大学就发展到哪里。我住的宾馆在亚瑟王座的南边,应该是城郊结合处。从宾馆步行十分钟,就是爱丁堡大学的学生宿舍区和会议中心。车程十多分钟,就是爱丁堡大学的旧学院和新学院——分别在皇家英里大道的两侧。大学主图书馆位于旧学院以南的一片宽敞的绿地之中。图书馆前面有大块的草坪，一条可以走公交的马路从草坪横穿而过。

　　这仅仅是我去过的几个校区。这些校区给我留下的第一个印象就是，城市与大学、市民与师生共生共荣，和谐相处。看得出，对大学的每次扩建，城市都给了最慷慨的支持。最好的地段、最大的地块都毫不吝啬地给了大学。爱丁堡大学的所谓校区，就是在城市的某个地段上，出现了有大学功能的一些建筑和场地。市民和师生几乎可以没有任何阻隔地行走于学校的校园和居民的社区。我不知道他们是否有师生安全问题、教学秩序问题、外来人管理等问题。看上去这些似乎都不是问题。

　　我非常羡慕这种基于尊重、信任、友好的人际关系。

　　我在爱丁堡大学会议中心散步时，看到一栋精致优雅的别墅。出于对这栋建筑的喜欢，我走进会议中心前台，告诉工作人员我想知道这栋楼的历史。一个小伙子立即站了起来，友好地看着我，揣摩着我用几个英语单词所表达的意思。然后他从台前找出了一张会议中心介绍单，微笑着递给我。我正要表达谢意时，小伙子似乎想到什么，从台前走出来，把我领到大厅的一角。这里有一张桌子，上面摆放着一本有10厘米厚的精装大开本书。他告诉我，这本书介绍了爱丁堡大学的发展历史，所有爱丁堡大学的建筑都有图片和文字说明。然后帮我找到我想要了解的那栋建筑。"可以拍照吗？"我问道。他点头回答："没问题。"

　　这个经历给我留下了愉快的回忆。我后来回想，他没有问我的爱丁堡大学会议中心。

　　这是爱丁堡大学会议中心二楼过道。支撑这种高档配置的价值观念可以理解为：这样的会议条件配得上使用这些会议室的专家学者，以及在这里谈论的话题。

四　大学之旅

来历、身份,也没有查看我的证件,似乎压根儿就没想到要了解这些。

我所看到的爱丁堡大学的建筑、环境与设施,多少都给我下一点想不到的感觉。学校的不同年代的建筑,毫无疑问是那个年代里这座城市建筑的最高水平。建筑内部装饰的雅致、奢华程度,完全不在我的想象之内。我举两个例子。前面提及的会议中心,原是一位贵族的私人别墅,后改为爱丁堡大学会议中心。我是一天傍晚散步时走进这栋建筑的。全楼空无一人,而所有房间的门都敞开着。楼道和楼梯上全铺有地毯,墙上挂有大幅油画。会议室门外的桌子上摆有考究的茶具、咖啡具。每个会议室的壁炉装饰、天花板装饰都是富丽堂皇。楼内、室内的装饰与陈设,和建筑外观的古典主义风格高度吻合。在这里,学者的品位、大学的地位,一目了然,无须多言。

爱丁堡大学的麦克游恩礼堂,给我的是结结实实的震撼感。我之前不知道有这样一个建筑。第一次从爱丁堡大学旧学院后门走出时,被眼前突然出现的一栋别具风格的大型建筑所吸引。建筑物外观呈圆形状,典雅华丽。每一个部位的雕饰都各有特色,值得细细品味。我试图走进去看看,工作人员告知,这是爱丁堡大学礼堂,里边有学生正在考试。第二天中午我专程再去这里,依然有幸获得允许,走入内厅。礼堂呈圆形状,兼有报告厅与音乐厅的功能。气势恢宏的大厅,庄重高雅的罗马柱,金碧辉煌的穹顶,好不壮观!一个大学的礼堂,其典雅与奢华程度,完全可以和维也纳音乐厅相媲美。后来我得知,这是一位叫麦克游恩的企业家所捐赠,他是爱爱丁堡大学麦克尤恩礼堂。

  这是爱丁堡大学麦克游恩礼堂，建于1894年，由爱丁堡大学校友麦克尤恩捐赠。建筑外观庄重优雅，内饰富丽堂皇。学校的毕业典礼、博士学位授予仪式等重要活动均在这里举行。

四　大学之旅

丁堡大学的毕业生。

在这样一所有五百年历史的古典校园漫步，是一种独特的旅游。大学的建筑、景观、配置，以及大学所进行的学术研究、思想碰撞、知识传播，共同构成了一种无声的"场域效应"。如果你确实处于"漫步"状态，放下了一切的生活需求，摆脱了一切的功利干扰，随心所欲地游走在校园，那么，你会感受到大学的独特气质：涵养万物，包容大度，雍容华贵，优雅庄重。大学在倡导和追求着平等、民主，但大学恰恰是现代文明语境中的贵族，用杰斐逊的话讲，是天然贵族。

人们对大学有着近乎本能的尊重。这种尊重源自大学对人类进步与繁荣事业所做的无与伦比的贡献。漫步于爱丁堡大学，即使你不喜欢浪漫的想象，你也会浮想联翩：休谟大楼、麦克斯韦大楼、达尔文雕像、麦克游恩礼堂，等等。这是一本本打开的书，上面书写的，是一篇篇精彩的故事。越是熟悉这些故事，就越会感受到这块土地的神圣。或许，休谟当年经常走过这条小路；或许，达尔文就在这棵大树下观察过昆虫；或许，丘吉尔曾在这个讲台上高谈阔论；或许，柯南·道尔曾在这个拐角处冥思苦想；或许，罗伯特·亚当的第一张建筑草图就是在这张桌子上绘出的；或许，贝尔的电话发明构想就是在这个实验室里形成的。如果把从爱丁堡大学走出的优秀校友的故事都一一写出，应该是一套系列丛书。

我在查看爱丁堡大学的资料时，突然看见一个熟悉的名字：朱光潜。朱光潜先生是我非常敬仰的一位学者，著名美学家。他的《西方美学史》是我哲学、美学的入门读物。我在上大学的时候，朱先生已经高龄，不能上课了。即便如此，在燕园读《西方美学史》，仍是一种特别的感受。有一个现象我当时不大理解：为什么朱先生要用不少的笔墨介绍哈奇森、休谟等这些在我看来并不是一流美学家的美学思想？现在才知道，朱先生1925年留学英国，就读学校就是爱丁堡大学。朱先生对苏格兰哲学家如数家珍，情有独钟。

爱丁堡大学为我国各个领域都培养出了杰出的领军人物，如辜鸿铭、章士钊、傅斯年、吴宓、朱光潜、陈源、程开甲、夏培肃、林文庆等，还有令今日国人所敬爱的钟南山。让我高兴的是，在今天的爱丁堡大学校园里，常能看到中国留学生。我在格拉斯哥认识的王雨博士，就是爱丁堡大学的毕业生。我有理由期待他们为国家、为人类的进步事业添砖加瓦。

在这样的校园里行走，会赋予"旅游"一词更丰富的内涵。你在行走，在观看。草坪、树木、雕塑、雕刻、溪流、小桥、教学楼、实验室，以及博物馆、图书馆、植物园、纪念碑，还有衣着讲究的学者、步履匆匆的学子，等等，都是大学的景点。

这些景点的不寻常之处，在于他们或它们已经有的和将要有的故事，在于这些故事与宫廷故事、庄园故事完全不同的内容，在于这些故事内容所铸就的现代文明的特质。心智在活动，探究在进行；随之而来的，是知识的产生、传播与应用，是因知识而推动着的大大小小的进步与变革。这就是发生在大学校园里的故事，和风细雨中蕴含着惊天动地的力量。

可以设想，进入现代以来的欧洲人，不可能再给后世游客留下更辉煌的皇宫、庄园与教堂，但可以留下历史更悠久、故事更精彩的大学，以及依赖于大学的新工程、新建筑、新景色。罗伯特·亚当留给世人的，不再是战死沙场的英雄形象，而是新古典建筑的亚当风格；达尔文留给世人的，不再是惊心动魄的宫廷谋略，而是充满挑战的野外探险。这就是现代文明。现代文明大厦的基石，是大学！

## 崇高之美

我去过的苏格兰的大学，校园之美，无不令人流连忘返。大学的每栋建筑，不论是体量大的还是体量小的，古典风格的还是现代风格的，用于教学的还是用于生活的，栋栋都讲究，都是精品。一所大学，就是一个建筑博物苑。大学的美，还美在花园般的校园。在花草、树木、水系、雕塑、建筑小品的装点下，校园充满了生机与灵气。如果走进大学图书馆、报告厅、博物馆、植物园，又是另一种景致：大气、精致、优雅、专业。大学所以如此的美，在于大学在人们心目中与众不同的地位。那些建大学、治大学、上大学、游大学的人无不认为，大学就应该高端大气，与众不同。

大学与众不同的根源，在于人们对大学特有的崇高地位的敬仰。大学的优雅之美背后，是大学的崇高之美。

从传统走向现代，人们在探寻新的信仰、新的寄托、新的力量。大学在几百年的发展过程中，渐渐扮演了这样的角色：现代文明的新信仰、新寄托、新力量的探寻者与发源地。

在苏格兰旅游期间，我总把大学建筑与宗教建筑相比较。人们像建教堂一样，以一种宗教般的热情建设大学。这里，仅仅用世俗的、功利的眼光做解释，是远远不够的。

今天的人们都面对着这样一个事实：大学话题缠绕人生一辈子。从上幼儿园开始就有了大学梦，虽然那个时候根本不知道大学是个什么样子。上小学、初中、高中，似乎都是为上大学做准备，上大学才是最后目的。好不容易上大学了，才知道大学还有本科、硕士、博士三级台阶。于是又是另一个十年的拼搏。所有学位都拿到手后，该完事了吧？没有！新一轮的大学梦又开始了：为了孩子的上大学。这是就普通人而言。那些和大学有关的职业，如教师职业、为教育提供保障与服务的行政职业等，又有着双重意义的梦：既要圆自己家庭的大学梦，还要圆他人的大学梦、社会的大学梦、国家的大学梦。

大学为全社会所向往与追捧的秘密何在？大学长盛不衰的生命力何在？大学远离权力与财富而又享有至高尊严与地位的原因何在？对于大学，社会精英趋之若鹜，商业巨头慷慨解囊，其动力何在？现代以来的大学，何以取代了宫廷与宗教建筑，成为国家或城市的新地标？

所有这一切，为什么在旧时代不曾存在？

这些问题不是一本游记能回答的。但是，作为游客，走在大学校园，感受着大学特有的气质，我总是在思考着这些问题。以下文字，不是学术讨论，仅仅是伴随着脚步移动的思绪之旅。

现代大学的出现，既是一个伟大的发现，又是一个伟大的发明。

大学的出现，意味着人类开始正视和尊重人性深处的一种本性和需求：探究欲。人像需要食物、安全、正义、仁爱一样，有好奇与探究的欲望。大学的出现，就是对这种人性需求的正视与尊重。大学还是一种发明，即发明了激活与保护探究欲的制度体系。探究由此从一时的好奇念想走向持续的探究活动。探究由此不仅在开花，还可以结果；不仅能满足探究者的心智需求，还可以造福他人和社会。

大学与中小学等教育机构有着本质区别。大学，尤其是现代早期的大学，主要是服务于学者们的研究需求的。这类大学，准确地讲，没有教师与学生之分，只有有经验的研究者（教师）和刚刚起步的研究者（学生）之分。

"研究"一词是一种学术表达，它的人性基础就是源于好奇的探究欲望。在各种前现代文化里，由于探究欲望缺少高大上的道德色彩，文化的大雅之堂上没有给探究欲留下应有的地位。人们认同和向往的是圣人、贤人、英雄、道德楷模。如果一个人沉醉于某种观察和思考，诸如追问壶盖为什么会动，自由落体有什么规律，很难为主流文化所认可。我坚信前现代社会里不会没有这样的人和事，而是没有欣赏和传播这种人和事的主流文化。

大学出现以后，探究欲望、探究活动开始登堂入室，走入文明的中央。这种变化有划时代的意义。探究一旦被视为基本人性需求，一旦有了应有的身份与地位，探究将改变人类的性质与走向。

其一，正视与尊重探究本能，是人类文明水平的一次质的飞跃。探究欲望潜藏在人性深处，需要在吃、住、安全等基本生存需求得以保障之后，才可露头。它是人性家族中的贵族。只有当人类文明水平发展到一定高度以后,只有当许多相关条件奇妙地同时出现以后,探究需求才可以有唤醒、绽放的可能。大学正是为唤醒和绽放探究需求而存在的。大学的尊严,在于人性的尊严;人们对大学的尊重,就是对人性的尊重。这种人性就是探究,古希腊人称之为"爱智"。

其二,当探究成为一些人的职业或使命以后,探究才能赢得独立。人人都有好奇心,但不可能人人都以探究为职业。人类的进步过程,也是人类的分工过程。一定程度上,专业分工越精细,人类的文明水平就越高。大学的出现,意味着诸多分工中的一种最重要的分工开始出现:探究成为一种职业。探究不再是少数人的业余爱好,也不再是独善其身、坐而论道的无奈,而是一种自觉的人生选择,一种完整的社会建制,一种享有崇高地位的新型职业。

其三,探究延续了好奇的特质,无盲点、无禁区,凡地球上存在的事物,无不在探究范围。大学的出现,开启了人类认识世界的新时代:只要是自然、社会或人的任何一种现象或问题,迟早都会成为大学的一个系、一个学科、一个专业,至少是一个课题。有了大学的支持,探究欲的无边无际的扩张性和无所不能的侵入性得到前所未有的发展。没有学者不研究的问题。未知出现在哪里,探究也必然出现在哪里。

其四,探究有了独立性,探究开始显示出最本真意义的自由。最早的研究者,几乎没有为了养家糊口而探究的。只有那些不需要考虑生计需求的人,才有可能、才有资格从事研究,事实上也只有他们才会走入研究者行列。他们大多是名门之后,他们听从心智的

格拉斯哥思克莱德大学校园一角。文明社会为探索者们奉送的雅致。

　　这是位于格拉斯哥的思克莱德大学校园。潺潺小溪从校园的一处花草中流过。校园的宁静优雅与课堂上的思维碰撞形成了极大的反差。走出课堂的学者和学子们需要这样的校园。

为什么是苏格兰

驱使，像孩童做游戏一样，随心所欲地开展各种各样的探究活动。早期的职业探究者中，也有一些因才华出众而受到名门庇护的"天然贵族"。最好的学术研究，都是"玩出来的"。这是一种自由，摆脱生计困扰的自由。

探究的独立性，还表现在探究的自主性。探究就是目的，探究不为任何其他目的服务。探究听从天性的召唤、心智的召唤。探究的动机纯洁到有些神秘。这就是最崇高意义上的为学术而学术、为科学而科学。探究成果的应用价值可能巨大到不可估量，但那是后话，是副产品，是意想不到的成果。探究之初，探究者仅仅在满足心智需求。这是自由的另一种含义：摆脱功利束缚的自由。

上文说过，大学还是一个伟大的发明。大学发明了什么？

首先，大学发明了研究方法。这是大学的秘密武器所在，是一件同样有划时代意义的事。探究方法的成熟，是现代与传统的又一分水岭。有人的存在，就有探究行为，但是，许多探究是没有实际结果的。遇到好奇现象，想想而已。思考还没有开始，就已近结束了，如杞人忧天的故事。更多的好奇仅仅停留在简单的类比、想象或满足于书本、权威的解释。对许多人与社会问题，人们用抒情替代了探究，把表达不满、描述愿望一类的文学性文字视作理性思考。严格意义上的探究很少真正发生。

大学的出现，是智者们对于探究方法苦苦追求的结果。由于探究方法的专业性很强，没有经历过严格训练的人，很难认同它的意义。因此，谈到大学或科研时，人们常常把源自大学的各种成果归功于研究者们的智慧、品德等因素。现代探究与传统探究的区别，大学所以能成果不断的秘密，其根本的原因是探究方法的形成与应用。

这种方法，简单地讲，就是基于逻辑与数学的思维方法，和基于事实与数据的实验方法。前者为心智活动立了规则，后者为操作活动立了规则。探究不再是天马行空，随心所欲，不再受情绪、观念所左右。探究有了自己的运转轨道。我一点都不怀疑研究者的天赋与品行的重要性，但我更赞赏研究者的职业训练，即研究方法。本书在许多地方都给了实验、实验室建设以高度的欣赏，原因就在这里。

其次，大学发明了一套制度体系，用来保障学者们的探究活动。在没有大学建制之前，任何时代、任何民族都有过天才般的发现者、发明家。但是，这些人难以逃脱流星般的命运，瞬间华丽，一闪而过。大学的出现，开启了一个新时代。大学的英文单词university的最初含义，是行会、协会的意思，并没有教育的内涵。那些以探究为天职的学者，如动物研究者、植物研究者、矿物研究者、气候研究者、土壤研究者、血液研究者、人体研究者、自由落体研究者、镜片研究者、亚里士多德研究者、罗马兴衰研究者、政治制度研究者、人口研究者、国际贸易研究者，还有许多神学研究者，等等，这些可以用他们的知识改变人类发展走向的人，常常又是无权无钱无势力的弱势群体，他们首先需要自我保护和社会保护。他们的研究需要场地、条件、经费，他们的研究成果需要交流、评价、传播，以及社会的认同。大学最早的功能就在这里。

大学意味着一整套的制度体系：教师、科研、专业、课程、学生、评价，以及土地、经费、财产、图书、实验、杂志、出版、论坛、专利制度，等等。今天的人谈到办大学，常常想到的是"谁给钱""谁给地"一类的问题。须知，大学包含了几百年间形成的一整套系统、完整、成熟的制度体系。

制度创造更重要，某种意义上讲，它是其他创造的源泉。大学制度体系的重要性，一点都不逊色于政治制度体系和经济制度体系。在现代以前，鲜有哪种文明发明了成熟的大学制度。中世纪出现的早期大学，曾经历了起起落落的艰难发展时期。启蒙运动以后，现代大学开始走向成熟，走入凯旋的时代。在18世纪、19世纪的殖民时代里，欧洲人走到哪里，就将大学带到哪里。"二战"后的民族独立时代以来，大学的建立，成了新兴国家走向独立、富强的前奏。大学成了一个国家或地区的名片，成了城市的新地标。

什么是崇高？崇高就是无限，就是起于尊崇理性而终于超越理性，就是由理性走向信念或信仰。大学的所有看得见的美，源自她所尊崇的一整套缔造现代文明的价值观念。这是大学的崇高之美。

# 五　瓦特之旅

## 无处不在的瓦特

　　从苏格兰走出的世界级名人中，瓦特的知名度应该是稳居第一。在没听说过牛顿、莎士比亚之前，我就知道小瓦特的故事了。我那个时代的小学生最崇拜的人物首先是战斗英雄，其次就是科学家、发明家了。模糊的记忆里，有一个外国小孩，像司马光一样聪明、可爱，喜欢琢磨事情。这就是小学课文《壶盖为什么会动》给我的终身记忆。

　　又见瓦特的经历是在中学。物理课上学电功率的时候，遇到了一个似曾相识的概念：瓦特，简称瓦，字母W。物理老师没有讲过此瓦特与彼瓦特的关系，那时又没有网络搜索，于是，瓦特就成了仅仅与1米、1公里一样的计量单位概念。就这样万分遗憾地失去了一次偶像崇拜的机会。好在后来读科学史，才补上了这一课，知道了就是那个琢磨壶盖为什么会动的瓦特，长大后真的成了蒸汽机研究专家。为了纪念瓦特的贡献，英国科学协会决定用瓦特的名字命名物理学上功率的概念。这种做法后来被国际计量组织采纳。瓦特于是不再只是记忆中的励志人物，而是几乎天天都被念叨的日常词汇：灯泡是几瓦的，汽车是多少马力的，等等。

中学时代再次了解瓦特的经历是在历史课上。讲工业革命时，瓦特再次出现。历史课上的瓦特不仅仅是一个大发明家，更是工业革命的伟大旗手。

我的上述经历应该有代表性。凡上过小学、中学的人，都有和瓦特多次相遇的机会。瓦特是人们的集体记忆，几乎无人不晓。这次苏格兰之旅，瓦特毫无疑问是我关注的一个对象。一路走下来，我的印象是，瓦特之于苏格兰，已经是一种文化。苏格兰的文化养育了瓦特，瓦特又成为苏格兰文化的一部分。

瓦特出生在格拉斯哥，他青年时期的发明活动和创业实践也在格拉斯哥。格拉斯哥人以多种形式纪念着他们的伟人。格拉斯哥市中心的乔治广场，像北京的天安门广场一样，是格拉斯哥的重要景点。广场的中央和四周矗立着格拉斯哥人最崇拜的历史人物雕像，瓦特是其中一位。在格拉斯哥大学的亨特博物馆，瓦特的雕像被放在非常醒目的位置。格拉斯哥大学主校门内的一侧，有以瓦特故事为主题的展廊，展出了瓦特改进蒸汽机的主要过程，以及格拉斯哥人纪念瓦特的主要事件。展廊下端是文字说明，上端是有代表性的图片。一所人才济济的世界名校，能给一位校友如此的殊荣，实属罕见。

为什么是苏格兰

从格拉斯哥到爱丁堡，接送我们的小车司机朱女士是一位北京籍侨胞。朱女士曾在苏格兰的一所大学工作过，我们一路上称她朱老师。朱老师的朴实、真诚、尽职，给我们留下很好的印象。正是从热情的朱老师那里，我才知道苏格兰有一所用瓦特命名的大学：赫瑞—瓦特大学。

这所大学最早叫爱丁堡工程学院，成立于1821年，是世界上第一所以机械工程为主要专业的大学。从这所大学的创建，可以感受到瓦特对苏格兰的深远影响。学校于1852年更名为瓦特学院。后来因金融家乔治·赫瑞的资助，大学更名为赫瑞—瓦特大学。早在1854年，赫瑞—瓦特大学就用瓦特的名字成立了据说是英国历史上最悠久的校友会：瓦特俱乐部。这个俱乐部现有74 000多名会员。20世纪中叶，一位贵族给赫瑞—瓦特大学捐赠了自己家族的住宅和花园，于是有了今天的美丽如画的赫瑞—瓦特大学校园。校园像一个大花园，处处是树木、花草、池塘，建筑物若隐若现地点缀在校园里。据朱老师介绍，为确保园林效果，大学规定，校园里的任何建筑物都不得超过五层。朱老师很幸运，移民苏格兰后，曾在赫瑞—瓦特大学实验室工作多年，她的丈夫现在还在这所大学工作。

说来也奇怪，中学物理成绩一塌糊涂的我，对物理学家们有一种莫名其妙的崇敬。去苏格兰旅行之前，我已经在地图上若干次查看了从格拉斯哥到格林诺克小镇的线路——格林诺克是瓦特的故乡。我们把瓦特故乡安排在苏格兰乡村游的第一站。

从格拉斯哥到格林诺克，车程不到一小时。这是一个典型的英国小镇。小镇街道的整洁干净水平、建筑的典雅讲究水平，和格拉赫瑞一瓦特大学。建筑物不超五层。

　　这是位于爱丁堡的赫瑞一瓦特大学校园。该大学是世界上最早的工程技术大学。校园为一位贵族捐赠。为保留原有的花园风格，学校规定，大学里的所有建筑高度都不能超过五层。

斯哥市没有什么区别。或者应该说，比城市更安静、更从容、更宜人。我们先找到了瓦特雕像。雕像位于小镇靠近河流的一条街上，这条河流直通大西洋。雕像的基座很高很大，由波浪状的石刻底座和机械状的石刻中间座两部分组成，瓦特雕像反而显得很瘦小。雕像特别凸显基座的内容，似乎想体现瓦特的发明与工业革命、海洋贸易之间的关系。瓦特雕像背后的红砂岩三层楼房，正是瓦特故居所在地。19世纪初期老镇改造时，瓦特故居没能被保存。

从瓦特雕像步行几分钟，就到了小镇博物馆。博物馆由一位叫麦克林的绅士捐助修建，因而叫麦克林博物馆。不巧碰上博物馆在维修，我们只能在博物馆前后走走看看。博物馆院内的一个角上，摆着一张古旧的木头座椅，靠背上刻着两行字：麦克林博物馆。故事的保存者，故事的讲述者。这是我看到的对博物馆功能最简洁、朴实、入理的概括。看来，瓦特故乡培育的不仅仅是理工男。博物馆的入口处陈列着一件雕塑，两个工人正在用力拉着一个像锚一样的金属片。博物馆院内还有一件雕塑：一个放大了的蒸汽机齿轮装置。这些雕塑艺术都以机械装备为主题，能感受到今天的小镇人对工业革命时代的怀念。

从博物馆院内走出，就是小镇的一条主街道，小镇介绍资料上称之为格林诺克小路。路面至今还是用石头铺筑，走上去很有点怀旧的感觉。在距离瓦特老宅不远的一个路口，有一栋古香古色的四层小楼——瓦特楼，现在是一个档次蛮高的饭店。我和爱人"阔绰"了一把，选了饭店的一个雅座，点了30镑的比萨大餐，算是对瓦特故乡做了一点点的贡献。

瓦特故乡麦克林博物馆。

　　这是瓦特故乡的麦克林博物馆院内的一张很普通的木椅,却激起了我的兴趣。一是木椅靠背上的话——麦克林博物馆:故事的保存者,故事的讲述者。用博物馆来保存和讲述故事,可能是最好的文化传承方式。二是木椅的饱经风霜。这个博物馆建于1876年,想来这张木椅的年龄也不会小。而它没有被淘汰,也没有人为破坏的痕迹。它就像博物馆藏品一样被人爱护。

为什么是苏格兰

比萨饼再好吃，也不能忘了寻找那把传说中的瓦特壶。传说终归是传说，壶自然是找不到的。据瓦特传记讲，瓦特并不是人们想象中的那种聪明过人、灵感泉涌的神童。实际上，在瓦特之前，蒸汽机就已经出现，并且广泛地运用在矿井排水中，瓦特是在工作以后一个很偶然的机会才接触到蒸汽机的。史料记载，古希腊已经有了用蒸汽推动空心球的发明。

虽然《壶盖为什么会动》的故事无从考证，或许本来就是传记作家道听途说，但是无论如何，《壶盖为什么会动》的故事曾激发了无数孩子的好奇心和探索意识，这一点毫无异议。

令人不得不发问的是，蒸汽机早在瓦特时代就已经出现并广泛运用，为什么蒸汽机偏偏和瓦特的名字紧紧地连在了一起?

## 一位平凡的伟人

越是走近瓦特，越有一种反差极大的感觉：他对人类进步与福祉的贡献不容低估，而他的生平故事却普通得不能再普通。瓦特出生于1736年，小休谟25岁，小亚当·斯密13岁。他们都生于苏格兰，长于苏格兰，都成了他们那个时代各自领域中的领军人物。不同的是，瓦特的出身与休谟等比较，不在一个层次上。瓦特家族几代人都生活在格林诺克小镇上。瓦特的父亲是一个本分的造船工匠和小业主。曾有一段时间，生意经营得还算不错，雇工有十几个，还有自己的一条帆船。

如果一切顺利，瓦特也有希望像休谟他们那样接受良好的大学教育。不幸的是，在瓦特童年和少年的短短几年里，家庭连遭重挫。父亲的生意遇到重重困难，母亲和哥哥又相继离世。17岁的瓦特，不得不担负起养家糊口的重任。据传记作家讲，瓦特的内向性格，与这样的出身和早年经历不无关系。瓦特或许受父亲影响，也开始在当地做起了机械维修一类的活儿。从瓦特的性格和天赋看，瓦特可以成为一位优秀的工匠，在格林诺克度过平凡幸福的一生。

一位物理学教授的出现，改变了瓦特的生命轨迹。之后瓦特的朋友圈里，教授占了一大半。发明家瓦特是在教授圈中成长起来的。这件看上去纯属个人交往的私事，却有着历史性的意义。从后来的故事中可以看到，科学家与发明家的合作，科学与技术的结合，是工业革命的原因，也是工业革命的结果。

在亲戚的介绍下，瓦特认识了格拉斯哥大学的一位叫迪克的物理学教授。迪克教授对瓦特欣赏有加，建议瓦特去伦敦学习机械技术。瓦特接受建议，南下伦敦，去经历一年的学徒生活。

从格拉斯哥到伦敦，骑马需要十多天。一个乡村青年只身前往陌生的大都市，一路的劳顿艰辛与心中忐忑是可想而知的。瓦特在伦敦的经历还算顺利。一位仪器制造商很欣赏这位苏格兰年轻人的朴实和聪明，答应留他当一年的学徒工。瓦特在给父亲的信中评价这位师傅是"一位德才兼备的手艺人"。这段学徒经历对瓦特以后的发展有着重要影响。对瓦特而言，这是他所需要、所接受的启蒙教育。在技术领域，他发现了他的兴趣与潜能。在一封给父亲的信中，瓦特讲到，他已经学会自己制造双脚规，完全能自食其力了。

伦敦学徒期满后，20岁的瓦特回到了家乡格拉斯哥。瓦特的打算是寻找机会,在格拉斯哥开一家机械维修店。正在这时,迪克教授再次出现。格拉斯哥大学接受了一批来自一位校友的天文仪器捐赠,学校需要聘一位工人清理这批仪器。负责此事的正是迪克教授。在迪克教授的推荐下,瓦特有了平生第一份工作。瓦特从此走进了大学,走进了学者、专家圈,走进了苏格兰启蒙运动的心脏地带。

这个时候,休谟的《人性论》已经问世,亚当·斯密正在格拉斯哥大学开设逻辑学课程,潜热的发现者、化学家布莱克教授,物理学家罗比森教授等,都在格拉斯哥大学工作。瓦特的出身与学问都无法与这些教授相比,但他的诚实与聪慧赢得了教授们的喜爱。从以下两则回忆中能够想象到他们当年的友谊与合作。一则是瓦特的回忆:"我只是个手艺人,从未进过大学,尽管他们都是知名教授,但从相识开始就没有忘记过我。他们都是我真正的良师益友。"另一则是罗比森教授的回忆:"最初我本以为发现了一位杰出的手艺人,之后才意识到他还是一位哲学家。他的博学让他和很多人都能谈得来。而且他有一份天生的好脾气,待人总是彬彬有礼。很快我们就成了无话不谈的朋友。"这段友谊意义深远。瓦特与教授们的合作,是技术与科学的合作,是工业启蒙与思想启蒙的合作。

很快,瓦特开始了他一生的事业:蒸汽机研究。史料记载,瓦特是从罗比森教授那里第一次听到蒸汽动力这个概念的。罗比森谈到,人力和畜力有很大的局限性,如果不超越这种自然动力,人类将永远停留在农业时代。人们已经开始了用蒸汽动力来代替人力和畜力的尝试。新动力的开发将有无限前景。

教授的这席话,预测到人类的一次巨大进步。蒸汽机不仅仅是一种机器，它还是所有机器的动力。蒸汽机的革命性意义在于人类将要结束过去漫长的历史：人类生存与生产的全部动力都来自于自然，包括人力、畜力、风力、水力等，这些动力的局限性显而易见。人类将以蒸汽机为突破，开始探索新型动力的新时代。在现代化早期，蒸汽机成为了一切机器之母，为一切机器提供了任何自然动力都无法比拟的新动力。人类的生产能力与生活方式，进入了一个新时代。瓦特为这个时代的到来，做出了举足轻重的贡献。

在瓦特开始研究蒸汽机后不长时间，机会送上门来了。格拉斯哥大学有一台教学用的蒸汽机，正需要修理。这项任务交给了瓦特。这是由一位叫纽科门（1663—1729）的工匠发明的蒸汽机，即纽科门蒸汽机。纽科门是一位很有商业头脑的铁匠和制锁匠，早在1711年，即瓦特还没有出生之前，他就在研究蒸汽机，并成立了自己的公司。公司名字很有意思：用火使水升高的发明权所有人公司。纽科门蒸汽机还停留在工匠水平，从原理、设计到制造工艺，水准都很低。

瓦特的事业是从改进纽科门蒸汽机起步的。从瓦特27岁起，到瓦特40岁移居伯明翰止，这十多年的时间，是瓦特改进蒸汽机最重要也最艰难的时期。在此期间，幸运的瓦特又遇到了两个重要的合作者：一个是科学家，一个是制造商。

瓦特在研究纽科门蒸汽机时发现，老式蒸汽机有巨大的燃料浪费现象。他反复实验后得出结论，用煤烧出的蒸汽，仅有四分之一用在做功上。瓦特向他的良师益友罗比森教授请教。教授向他推荐了格拉斯哥大学的化学家布莱克教授。布莱克的重要发现是"潜热"理论，即瓦特观察到的现象：物质从一种状态转到另一种状态的过程中，需要吸收或放出热量。水变成蒸汽所吸收的热，和蒸汽冷凝所释放的热，都是潜热现象。瓦特接下来的探索，正是依据潜热理论来改进相关的技术。几年以后，瓦特设计出了分离冷凝器，很好地解决了制约蒸汽机发展的技术难题。瓦特很快获得了这项技术的专利。

这次科学家与发明家的合作，是蒸汽机技术改进史上一次质的飞跃。瓦特一生与布莱克保持着合作与友谊。史料记载，布莱克到晚年都一直关心着瓦特的研究。在病危之际，他听到了有关瓦特专利胜诉的消息。身旁的人听到教授虚弱的声音："没有比能听到瓦特的好消息更能让人感到欣慰的了。"

瓦特这个时期的另一位合作伙伴是一位制造商。从实验室的模型到样机的生产，还有很长很长的路。首先需要的是大量的资金投入。把图纸变为样机的过程，需要无数次的试验。每次试验，都需要报废一批材料。而且，制造气缸、活塞的精确度、灵敏度要求之高，是大学的设备无法满足的。大学无能为力了，瓦特也有走投无路之感。瓦特的困境和沮丧是可以想象到的。

这个时候，布莱克教授再次出手帮忙。他向他的好友、格拉斯哥的制造商罗巴克讲了瓦特改进蒸汽机的事。罗巴克是一位有眼光的企业家，他看好蒸汽机的商业前景。于是，一个有技术，一个有资金，二人一拍即合，开始了长达八年的合作。两人签署的合同内容有：罗巴克负责偿还瓦特因研发蒸汽机而欠的债务，并为瓦特提供下一步的研发条件和资金。事成之后所得利润，罗巴克得三分之二，瓦特得三分之一。

遗憾的是，合同的后一句话永远没能兑现，原因是始终没有利润可分。罗巴克的企业因这项合作而濒临破产，瓦特的研究再次中断。这样的结局不无遗憾。而令人敬佩的是，二人相互理解，没有怨言。瓦特后来回忆道，我这个阶段所能达到的成功，大部分应归功于罗巴克友好的鼓励。他关心科学发现，具有远大的眼光和慷慨的气度。

瓦特的下一位合作伙伴是一位现代意义上的大企业家——伯明翰的工业巨子博尔顿（1728—1809）。博尔顿的出场，是瓦特人生的又一个转折点。瓦特的蒸汽机技术研发，终于从格拉斯哥的生根、开花季节，走到了伯明翰时期的结果、收获季节。伴随和支持瓦特走到收获季节的，正是这位最后出场的企业家。英国2011年版50英镑纸币的背面，刻印着瓦特和博尔顿的头像。我们能够从中想象出他们的友谊、他们的成就、他们在现代英国人心目中的地位。

博尔顿以及他的索霍公司，其规模和影响，相似信息时代的比尔·盖茨和微软公司。博尔顿在和瓦特合作之前就已经很有名气。他继承父业，从事纽扣、表链、铜器等多种产品的制造。他所经营的索霍公司规模巨大，发展势头良好。但是，这位有远见的企业家意识到，阻碍大工业生产进一步发展的问题已经显露。工人多、效率低、成本高是博尔顿在当时遇到的最大难题。博尔顿力图突破的，是通过新动力的改进，降低成本，扩大生产。带着这些问题与期望，博尔顿曾多次给美国的富兰克林写信求援。

也正是在这个时候，博尔顿生意上的合作者，那位将要破产的格拉斯哥企业家罗巴克，向博尔顿介绍了瓦特的蒸汽机改进情况。

博尔顿聪明过人，他很准确地判断出瓦特与罗巴克合作失败的原因。他在给瓦特的一封信中谈道：我认为，要充分利用您的发明，就必须有更大的投资，必须有广阔的贸易关系，必须有训练有素的技术工人。这些，博尔顿和伯明翰有，罗巴克和格拉斯哥没有。

三位因蒸汽机而有分有合的朋友，都恪守当时已经趋于成熟的商业规则。博尔顿与瓦特签署合同，组建博尔顿—瓦特索霍公司，博尔顿占有三分之二的股权，并负责偿还瓦特的欠债，以及提供瓦特所需的研发资金。合同结束期为1800年。签署合同后，瓦特很快移居伯明翰，开始了与博尔顿长达26年的成功和友好的合作。他们俩的合作，成为英国工业革命的重要篇章。

两年以后，瓦特发动机在伯明翰正式亮相。瓦特记录了这个激动人心的时刻："今天，很多国家的政界和商界名流都来到了新发动机试车现场。伴随着震耳欲聋的轰鸣声，这台体积庞大的发动机高速运转起来。现场一片沸腾。"瓦特应该是所有激动的人中最激动的一个，一贯朴实的他，也幽默了一把。他接着写道："顺便说一句，巨大的噪音正说明它动力强大，看起来有些时候机器和人一样不谦虚。"

有关瓦特的发明故事还有很多，这里不再多写。1800年合同期满，瓦特和博尔顿同时退出索霍公司，将生意交给了他们各自的儿子。其时瓦特64岁，博尔顿72岁。等待老年瓦特的是应接不暇的荣誉：爱丁堡皇家学会会员，伦敦皇家学会会员，法国科学院外籍院士，等等。1819年8月19日，瓦特告别了人世，享年83岁。伦敦举行了隆重的悼念仪式，仪式由当时的英国首相亲自主持。

格拉斯哥格林诺克镇。
瓦特故乡。

　　这是瓦特故乡格林诺克镇的码头。我在这里驻足眺望，浮想联翩。我这次去过的苏格兰各地，包括城市和乡镇，都有码头，都临大海或大河。海路方便了贸易，贸易促进了交流，交流刺激了创新。这或许是理解苏格兰文化的一个窗口。

为什么是苏格兰

我写这段话时，是2019年8月1日。再过18天，就是瓦特逝世200周年纪念日。我不知道人们将用什么样的形式纪念瓦特。作为瓦特的敬仰者，我抄录几则后人对瓦特的评价，作为对瓦特逝世200周年的纪念。

伦敦威斯敏斯特教堂的瓦特纪念像上的碑文如下：

不是为使一个名字不朽

因为这需要时间的考验

而是展示一位值得所有人永世感激的人

国王陛下

大臣、官员、社会名流及各界人士

为纪念詹姆斯·瓦特特立此碑，以彰其行

他展示了人类智慧的力量

他是物理学研究的先行者

他改良了蒸汽机

武装了人类

使虚弱无力的双手变得力大无穷

他是最伟大的科学家之一

他施恩于全世界

1736年生于格林诺克

1819年卒于斯特福德郡希斯菲尔德

瓦特去世时的讣告有这样一段文字："他是一位天才，没有人拥有如他那般高贵的品行。全人类都对他致以最虔诚的祝福。传说中的耕犁和织布机的发明者被同时代的人虚构神话了,而蒸汽机的发明者才是真正走向神坛的人。"

时任英国首相的利物浦伯爵这样评价瓦特:"他淳朴直率的品行、谦逊的品质、勤勉和从不炫耀的科学精神,以及在应用科学和实际工艺领域的伟大贡献将名垂史册。我从未见过像他那般卓越而和蔼可亲的人。"

一位叫布鲁厄姆的勋爵说:"在瓦特先生身上,严谨的科学态度、精湛的工艺技术、卓越的艺术想象、深厚的古典文学素养以及缜密的批判思维达到了完美的统一。就我本人所知,瓦特先生曾多次拒绝享受蒸汽机发明者的荣誉,他一直谦逊地称自己只是改良者。然而,在我看来,质疑瓦特先生发明蒸汽机,就如同质疑牛顿发现万有引力一样。"

瓦特传记的版本很多。我手头有的是卡内基所著《瓦特传》。哪个卡内基?起初我不认为是那位大名鼎鼎的安德鲁·卡内基——钢铁大王、美国慈善事业之父。核实后才知道,确实是这个钢铁大王卡内基晚年的作品。卡内基(1835—1919)愿意为瓦特写传记的动机我不得而知。或许是因为同乡,卡内基是出生于苏格兰的美国移民;或许是他作为成功人士,更理解这位伟人。《瓦特传》一书的结尾写道:"他一生善良,交织在他身上的种种美德,可以使造物者肃然起敬,并向全世界宣告:'这是一位真正的伟人!'"

亨特博物馆瓦特雕像。

  这是格拉斯哥大学亨特博物馆的瓦特雕像。雕像位于博物馆入口处，系瓦特的儿子捐赠。苏格兰许多地方都有瓦特雕像，但是，这尊雕像或许最受格拉斯哥大学师生喜爱。它承载着学校的一段辉煌历史，传递着学校和她的校友之间的爱与尊重。

五　瓦特之旅

## 瓦特与现代化

"这是一位真正的伟人!"卡内基的这句评语是由衷的、有分量的。卡内基属于那种曾经为人类进步和福祉做过贡献的人。晚年的卡内基,闲来无事,写点自传,谈点经营之道,该是常态。他为什么要像一个学者一样,不辞辛苦地收集资料,为一个已经辞世近一百年的历史人物写传记呢?

对瓦特怀有如此敬意的人不只是卡内基。又过了差不多一百年,1994年,伯明翰市议会做出决定:投资100多万英镑,在全世界范围内收集瓦特个人和家族的资料。其实,伯明翰市早已建了瓦特—博尔顿纪念馆。伯明翰再次为瓦特研究而采取这样的举措,我的看法是,随着世界现代化的快速发展,瓦特的同胞们对瓦特意义的认识,也在与日俱增。我再举一例,在英国各地,用瓦特的名字命名的街道在逐渐增加,我看到的数字已经超过50个。

在格林诺克的瓦特小楼用过午餐后,我们走出饭店,漫步在格林诺克小道上。瓦特的老宅距离小道不过50米。可以想象,这是瓦特当年走过无数次的街道。那时,在同龄的贵族子弟们上大学的时候,瓦特可能正在小道上的某个机器修理车间做学徒。我从彭斯故居、爱丁堡博物馆等处看过一些18世纪初叶的老照片。瓦特小时候所经历的生活,与今天发展中国家落后地区的情形相差不大。想想从格拉斯哥去伦敦要走十多天的时间,就能知道那时的社会发展水平。

而今天的格林诺克,俨然已经是一个现代化的英国小镇。在这里可以尽享现代化所带来的幸福与安宁。难怪英国人要讲,英国的瓦特故乡。

　　这是瓦特故乡格林诺克镇上的雕塑作品。小镇充满了浓浓的文化氛围,有以工业、航海业为主题的雕塑,有以纪念本镇著名人物的雕塑,还有一座以瓦特为主题的麦克林博物馆,以及一座以海事税务为主题的海关博物馆。

五　瓦特之旅

灵魂在乡村。我从格林诺克小道一侧爬坡10分钟，走进了小镇的一个公园。一位小帅哥正在草坪上独自踢足球。公园边上有一个小小的儿童活动角，一位年轻妈妈正在陪着小男孩玩木马。格林诺克人的小日子过得很是悠闲。放眼望去，格林诺克小道从小镇横穿而过，商店、教堂、博物馆、连体别墅等尽收眼底。在小道的外围，有一条较宽的马路，似乎是小镇的边界。马路以外，就是与大西洋相连的克莱德河畔。视线之内，可以看见一个不大的、略显平静的码头。

这是今天苏格兰的一个缩影。不过，晚年瓦特再回故乡的时候，迎接他的，不是今天的悠闲和平静；相反，那是工业革命高潮期的一番热闹景象。在瓦特去世前五年，英国工程师斯蒂文森已经在瓦特蒸汽机的基础上，发明了蒸汽机车。瓦特去世后六年，人类第一条铁路在英格兰亮相。和伯明翰一样，格拉斯哥进入了为全世界输出动力的辉煌时代。据说，在维多利亚时代，全世界的多数蒸汽火车头和蒸汽轮船，都是由格拉斯哥制造、路经瓦特家乡而从大西洋运往世界各地。新动力为现代化的运输、纺织、机械制造等大规模、高速度的工业生产，插上了腾飞的翅膀。瓦特可能看到的是，工地遍地，脚手架林立，人口跟着新项目、新企业而从农村流向城市，城市的边际一圈一圈地往郊外扩展，污染与发展并存，激动与骚动同在。

瓦特或许没有想到的是，英国开启了一个新时代。这个时代的最大特点是势不可当的全球化。在欧洲、美洲，以及亚洲、非洲，对任何一个国家或地区而言，面对新时代，可以选择的是时间、特色与路径，而城镇化、工业化、市场化、民主化等——我们统称为现代化，则是无法拒绝的必由之路。

谈瓦特的贡献与意义，应该放在这样的大背景下。

瓦特集才智与品行于一身，令世人尊重和敬佩。这方面的赞誉已经很多，以后还会更多。然而，有瓦特这样才智与品行的人，哪个国家、哪个民族都可以列出几打。如果仅仅停留在对瓦特才能的肯定与瓦特人品的赞美，那么，世人对于瓦特，是有所亏欠的。

瓦特是一面旗帜，一个形象。瓦特对人类进步与发展的贡献以及他在技术发明上的成功，最重要的原因不在于个人的聪慧，也不在于个人的勤勉，而在于瓦特开创性地走出了一条新路：基于科学发展技术，让技术的根深深扎入科学的土壤。就像新型动力将要取代人力、畜力一样，人类的进步不再仅仅依赖于人的先天禀赋或后天努力，更依赖于人所发现和发明的科学与技术，以及二者的融合。瓦特是一个标志，他令人信服和成功地走出了这条新路。我断言，没有格拉斯哥大学的经历，就没有瓦特日后的成就。大学给了瓦特远远超出工匠的开阔视野与系统知识。瓦特是从格拉斯哥大学的科学家那里得到指导与启示而开始关注新动力研究的。

更为重要的是，在大学里瓦特掌握了全部的科学实验与技术试验的方法。我看过描述瓦特在他的实验室工作的资料，以及大学教授们在瓦特实验室一起做研究的情况介绍。除了蒸汽机理论与实践，瓦特在物理学的其他领域也有过研究。我不知道瓦特能否称为科学家，但是，瓦特的科学素养是毋庸置疑的。

从科学走向技术的努力，正在为科学与技术的发展建立新的回路、新的结构、新的发展模式。在瓦特时代，这种尝试刚刚开始出现。瓦特和他的科学家朋友们的成功合作，向业界和社会显示了这种合作的力量。历史学家谈到，当时的法国科学家在伦敦看到的景象是，英国的工匠和学者们竟然"勾肩搭背"，甚至工匠被选为英国皇家学会会员。这是传统意义上的科学家们没有见过，也一时难以接受的现象。而这种结合，正是从培根开始倡导，以后几代人共同追求的方向：技术凭借科学而力量倍增，科学通过技术而造福人类。培根播种，牛顿开花，到了瓦特时代开始结果了。我在本书的大学之旅章节中高度欣赏大学的实验室、博物馆、植物园建设，原因就在这里。

科学与技术各有其使命与逻辑。科学起源于人们认识世界的需求，技术起源于人们改变世界的需求；科学研究在享受着探究的快乐，技术发明在享受着创新的快乐。这是人的好奇本性与创新本性使然，何况它们还都有强大的应用功能。因此，任何民族，即使在文明早期，也都有自己的科学与技术，区别在于性质与水平的不同。从现代化角度看，科学与技术的融合，是文明演化史上的一次质的飞跃。18世纪的先驱者们迈出了这一步。

我在苏格兰旅游期间很关注一个问题：启蒙运动、工业革命之前的人是怎样生活的？总的印象是，那时人们的生活条件、生活方式与我所了解的农业时代的水准不相上下。彭斯家的犁地工具、亚当·斯密家乡的织布机，以及在多个博物馆看到的斧头、铁钳等，我都似曾相识。物质方面的摧枯拉朽、日新月异的进步，就发生在过去二百多年里。催生这些变化的原因之一，就是科学与技术的融合，或称现代科学、现代技术的诞生。

现代科学离不开技术的发展。对这个问题的理解，无须进行专格拉斯哥交通博物馆。

  这是格拉斯哥交通博物馆展出的火车头。交通博物馆规模巨大，展品丰富。在这里可以看到从人类早期的木筏到今天的汽车等各个时期的交通工具。所展火车头类型最多，占地也最大。看得出，格拉斯哥人有蒸汽机情结，他们深深怀念蒸汽机时代。

五　瓦特之旅

业性讨论，只要想想望远镜技术与天文学、显微镜技术与生物学的关系，就会认同。现代技术的复杂程度，是农业时代的技术无法相比的。假若没有科学做支撑，仅靠工匠性的智慧与勤劳，就几乎不可能有任何一种现代技术。以信息技术为例，若没有信息科学做基础，有谁能鼓捣出手机呢？如果承认这些事实，就不难理解苏格兰、欧洲乃至全世界对瓦特那一代人的敬重。

瓦特的另一个重要贡献，在于开启了技术与企业相结合的先河。

这个话题在今天看来早已是稀松平常了，而在农业时代，技术与企业相结合的社会建制是不存在的。千百年里，人类的技术发明林林总总，大大小小，数不胜数；而与瓦特所代表的现代技术发明比较，都有着质的区别。瓦特的意义体现在以下三个方面。

首先，技术发明成为一种职业，不再是工匠劳作的副产品。发明家、工程师与技术工人开始分离。从此，发明家、工程师作为一种全新的职业，活跃在人类文明的舞台上。这是继前文所说的科学成为一种职业以后，人类文明的又一次重大进步。这也印证了亚当·斯密分工理论的意义。分工越细，生产或服务就越专业，社会文明水平就越高。

其次，技术研发职业需要相关制度的保护。随着技术研发职业的出现，保护新职业的相关制度也随之出现。这里主要谈谈专利制度。没有专利制度的成熟，就不可能有现代意义上的技术。一般认为，英国于1624年颁布的《垄断法》是现代专利法的开端，有人称这部法规为"保护发明人权利的大宪章"。专利制度所传递的价值观念是：技术发明是人的智慧的体现，应该得到尊重；技术发明更是人的智慧性财产，应该得到保护。

后世应该永远敬佩专利制度设计者的智慧，因为制度创新是最大的发明。如果制度也能申请专利的话，专利制度是最有价值的专利。专利制度拓展了财产一词的范围。有产者既可能指土地所有者、资本所有者等拥有财物的人，还可能指依靠智慧而创造知识性产品的人，如发明家、思想家、作家、艺术家。社会的进步不再只靠占有了多少财物，而更靠创造多少知识。只有当智慧性财产被制度性地承认和保护，才可能有稳定、庞大的中产阶层，才能进入中产时代。专利制度不仅在保护创新，还在激励创新。林肯的那句简洁、透彻的名言永远不会过时："专利制度就是给天才之火添加利益之油。"

第三，瓦特现象说明，技术发明的科学性与复杂性越高，越需要成熟的资金投入机制。以政府为主体的投入是一种渠道，而更重要、更有效的资金保障，来源于企业。企业以多种形式支持着、回报着、推进着技术发展，包括技术人才培养与技术创新。企业家或者办研究院、办大学，或者资助科研项目、奖励科研成果等，是现代以来各个国家的常态。在政治权力之外，企业与技术建立了自己的回路系统。企业在寻找技术，技术在寻找企业，一只看不见的手在有效地推进着企业与技术的互惠互利、协调发展。

当然，"看不见的手"凭借的是看得见的规则，这就是基于契约原则的规则体系。现代化一定意义上是一种契约化：平等、互惠、信赖观念深入人心，依据规则来保障无处不在的合作。这是衡量现代化的一把尺子：当社会秩序的维系从外在赋予的等级、身份、地

这是瓦特故乡格林诺克镇上的瓦特雕像。由于雕像的底座过高，我选了几个拍照角度，都没有满意的效果。作品有意突出底座部位的浪花与机械图案的效果，似乎在表达一种观念：贸易与工业是瓦特发明的基础。

为什么是苏格兰

位的无形束缚，发展到内在形成的平等、诚信、互惠的有形规则以后，这个社会就具有现代性了。

瓦特与两位企业家的合作，创造了一种社会进步的新模式。以上三个方面的概括，不是理论上的假想，而是瓦特一生经历的总结。比如，与瓦特合作过的两位企业家都是经营高手，但他们都不懂技术。瓦特对经营一窍不通，但他有执着的探究精神、成熟的探究方法和超人的发明天赋。他们的合作是资源整合、优势互补的典范。

比如，瓦特时代，英国的专利制度逐步完善，基本满足了那个时代技术改进与企业赢利的要求。瓦特的冷凝蒸汽机技术的专利权，起初为14年。瓦特和博尔顿合作以后，二人都看到，研发蒸汽机的投入需求过大，需要重新考虑这项技术的专利保护时间。经过多方努力，国会才通过了新专利法案，瓦特冷凝蒸汽机技术的专利权由原来的14年延长至24年。

比如，在移居伯明翰之前，研发给瓦特带来的是债务缠身，以至于几乎拖垮一家企业。如果没有博尔顿的出现，瓦特完全有放弃蒸汽机研究的可能。博尔顿之所以愿意为瓦特的研究投资，最主要的原因是看重企业的未来利润。自由市场的威力，在蒸汽机技术的改进中初试锋芒。这个时候，亚当·斯密正在构思着他的自由市场理论与国民财富增长理论。

至此，瓦特上接科学家布莱克们，下接企业家博尔顿们，催生着一种全新的社会发展新结构：科学—技术—工程—企业—市场—社会进步—科学。这是一个网络性回路系统，是现代性的重要体现。我这里把传统社会概括为等级结构，把现代社会概括为网络结构。

与传统的等级结构比较，新社会可能呈现一些新的特点。

比如，各种社会要素相互依从，互惠互利，互为因果，相互间保持着平等的关系。缺少任何一种，都有可能切断回路，影响到其他要素的存在与发展。处于回路关系的各种要素，很难说谁比谁更重要，因此也不存在谁比谁更高贵的问题。

比如，新结构存在自激励、自协调、自纠错的功能。维系瓦特和博尔顿合作或瓦特与布莱克合作的纽带，是他们的共同的目的与利益。社会进步的活力正来源于这种互惠关系，而不是他们之外、之上的权威与目标。

比如，这种结构下的社会，会形成新的发展模式：告别大起大落的革命，迎来持续不断的改革。旧的发展模式是等级制的产物，社会在激情、暴乱、革命与强权、顺从、寂静中周期性地摇摆轮回。现代化模式下，争吵不停，改革不断。至高无上的权威与绝对真理没了，取而代之的是人自己的理性。而理性能做的，只是探索、尝试、改进。这就是启蒙运动的宗旨所在。就像瓦特蒸汽机那样，微观的改变保障着宏观的秩序，个体的自由保障着整体的和谐。反之亦然。

当然，这个回路的润滑、维修系统是一整套的社会治理制度：学术自由制度，市场经济制度，个人权利保障制度，政治民主制度。

瓦特所发明的，是驱动各种机器运转的蒸汽动力；而瓦特时代所发明的，则是驱动社会进步的制度动力。瓦特的发明取名蒸汽机，瓦特时代的发明取名现代化。我认为这是瓦特和他的朋友们为人类社会进步所做的最重要的贡献。在谈到瓦特和博尔顿的故事时，人们常常引用博尔顿在向参观索霍工厂的客人常说的一句话：

"朋友，这里生产的是全世界都渴望拥有的东西：动力。"

也许，博尔顿已经意识到，他和瓦特的索霍工厂所生产的，是推动人类文明范式转变的新动力，既包括机器动力，也包括制度动力。

如果可以这样理解问题的话，那么，需要追问的是：驱动瓦特和博尔顿发明动力的动力又是什么？制度创新的基础是什么？如何让推进社会进步的各种要素协调发展呢？这些问题的回答，对后发现代化国家的意义何在？

这是一组很有意义，也很宏大的问题。愿我们共同思考。

## 六　彭斯之旅

### 国家诗人

我是在看电影《魂断蓝桥》时第一次听到《友谊地久天长》这首歌的，当时并没有在意电影插曲的词作者。很久之后才知道歌词的作者是彭斯，一位著名的苏格兰诗人。彭斯（1759—1796）生活在苏格兰启蒙运动的鼎盛时期，和瓦特、亚当·斯密、休谟等启蒙运动领袖基本上属于同一时代。这次的苏格兰之旅，我早早就把彭斯故居列入计划中，同时也做了必要的功课。在做旅行功课的时候，我才发现彭斯在苏格兰乃至全世界的影响远超我的原有印象。

在苏格兰，彭斯有"国家诗人"的崇高地位。最能显示这种地位的，是苏格兰人把彭斯的生日1月25日，作为全民的公共节日：彭斯之夜。彭斯之夜的纪念活动已经超出了苏格兰。每年的1月25日，世界许多国家的彭斯研究者和彭斯粉丝们都用各种形式纪念彭斯，包括我国。许多人注意到，英国文学史上群星闪烁，巨匠众多。然而，连莎士比亚都没有法定的纪念日，唯有彭斯享有"国家诗人"的尊崇。彭斯之夜的内容与形式，会因举办者的不同风格而各有不同。据说，苏格兰人的彭斯之夜一般包含"开场、主餐、朗诵、尾声"等流程。主持人致欢迎词。然后在风笛的伴奏下开始品尝一种叫哈吉斯的所谓"国菜"。接下来是倾听彭斯诗歌的朗诵；这个环节是彭斯之夜的主要内容，一般选择三首左右的彭斯作品共读共享。尾声是活动的高潮：全体起立，合唱彭斯最负盛名的《友谊地久天长》。这样的纪念活动既轻松、欢快，而又不失真诚、隆重，颇有些彭斯诗歌的风格。

爱丁堡作家博物馆入选的三位苏格兰作家中，彭斯无疑在列。博物馆醒目位置并排摆放着三位作家的雕像，那位最英俊潇洒的，就是彭斯。说到彭斯雕像，有人做过统计，把宗教题材的雕塑除外，世界各地的彭斯雕像作品总数竟在前茅之列。这种说法如果是事实，确实有些令人匪夷所思。据彭斯博物馆统计，全世界有一千多个彭斯俱乐部。几百年来，人们对彭斯的热情似乎有增无减。以美国为例，在亚特兰大，人们竟然仿造彭斯出生地的故居建筑，建了一个一模一样的美国版的彭斯故居。可见彭斯迷们对彭斯的崇拜到了何等程度。苏格兰自然不必多说。苏格兰电视台于2009年举办过一次活动，评选苏格兰历史上最伟大的人物。若要让我来投这一票，我很可能投给瓦特或亚当·斯密，而苏格兰人的选择是彭斯。

当然，最让彭斯深入人心的，是根据他的诗歌谱写的电影插曲《友谊地久天长》。据说，每到新年前夕，人们在世界各地的广彭斯塑像。摄于彭斯博物馆。

　　这是彭斯半身雕塑。彭斯生活在18世纪中叶，与曹雪芹、纪晓岚属于差不多同一个时代的人。而从彭斯雕像的衣着、神态，以及彭斯作品所表达的情感、思想看，彭斯似乎完全是一个现代人。此间应该既有文化传统的差异，也有文明发展水平的差异。

六　彭斯之旅

场、舞厅、酒店、客厅……在一切可以唱歌的地方，都在传唱彭斯的《友谊地久天长》。同样的情形出现在毕业晚会、朋友聚会等各种各样告别朋友、留恋友谊的场合。除了《友谊地久天长》，还有《一朵红红的玫瑰》《我的心啊高原》《春风又绿小树林》《走过麦田来》，等等。彭斯的这些诗作给了无数人以无限美好的遐想与灵感，成为文学作品中的经典意象。

公众对彭斯的热爱如此高涨，学者们如何评价彭斯呢？有彭斯研究者认为，彭斯与莎士比亚有同样重要的地位。彭斯是世界上无可争议的最受读者喜爱的诗人和歌词作家。虽然我一时还不能完全接受这样的观点，但它也充分说明学者们对彭斯的高度认同。

## 美丽的阿洛韦

我把彭斯故乡游安排在格拉斯哥乡村游的第二站。彭斯出生在一个叫阿洛韦的乡村。阿洛韦位于苏格兰西南方向，艾尔市附近的一条叫顿河的边上，距离格拉斯哥不到两小时的车程。那天，天气晴好。据司机讲，苏格兰的春夏之交，这样风和日丽的好天气并不多见。对于我们而言，除了享受纯净的蓝天、洁白的云朵以外，更难得的是，能在没有阴雨、雾霾的天气里，一览无余地尽情欣赏车窗外的景致。

坐车看景，在苏格兰的大地上是家常便饭。苏格兰就是一个无边无际的大公园。举目望去，没有一处不在吸引着你。正是在这片美丽的土地上，诗人彭斯写出了一篇篇美丽的诗作。彭斯生在阿洛彭斯故乡。

  这是彭斯故乡阿洛韦的一处景色。把乡村治理到这样的水平，所需要的是什么呢？需要强有力的财政保障，需要与此相适应的生产、生活方式，需要像城市一样的村镇治理体系，需要这里的人和来这里的人的良好素养。

六　彭斯之旅

韦,长在阿洛韦,虽然全家迫于生计而几次搬迁,但也基本上都住在阿洛韦的附近。成名以后,彭斯在爱丁堡住过不长的时间,很快又回到了阿洛韦地区。虽然他对那个时代世界上发生的重大事件都很熟悉,如英国工业革命、法国大革命、美国独立战争等。但是,在37年的短暂生命里,他基本没有离开过阿洛韦。他的脚步走过这里的小路,他的双手触摸过这里的土地。这里的麦田、地垄、小溪、石桥、山丘、城堡、树林,以及羔羊、田鼠,还有白天、夜晚、微风、斜阳,无一不进入过彭斯的情感与心灵世界,无一不在彭斯的心智深处激起诗情画意,无一不作为寄托情思的意象而出现在彭斯的诗歌作品中。因此,观赏这沿途的景色,就是在阅读彭斯。

这段路程基本上都在苏格兰的低地一带。平原、山丘、湖泊、河流交替出现,间或可以望见若隐若现的大西洋。进入现代以来的二百多年间,苏格兰人像治理城市的公园一样,治理着这里的每一寸土地。我们从格拉斯哥上车到阿洛韦下车,全程完全被沿途的美景所陶醉,几乎把旅行的目的忘得干干净净。放眼望去,满眼都是绿色。大片的原始森林像是绿的海浪。人工种植的竹林整齐有序,犹如篱笆,将绿绿的牧草分割成一块块几何形状的牧场。牛群、羊群不像我预想的那样多,偶尔也能看到。它们看上去不是在为饥渴而寻觅水草,而是在悠闲地散步,或者呆呆地站着、卧着。沿途看见过几处乡村和镇子,都是清一色的别墅式建筑。一栋栋精致的乡村别墅,镶嵌在深绿的树林与浅绿的牧草之间,真令人心旷神怡。

高速路两边的景色是这样,乡间小路呢?我们的车子两次走过乡间小路,视线所至,一样的美丽。我试图想看到,在私家院落外,

为什么是苏格兰

在公路两旁，在两家牧地的连接地带，以及在河流的两侧，是否有垃圾、杂物、破旧厂房、废弃农舍、报废车辆、烂尾工地、残垣断壁等这些不和谐的，而在我的记忆里又不罕见的现象。一句话，在门外、窗外、车外、村外、小区外这些无主地带，是否就可以随意地，甚至肆意地乱扔垃圾、乱放废物呢？一路走来，苏格兰的郊外、乡间、田野、河道，其干净、整洁、优美程度，与城市里的校园、公园没有区别。看来，从建一个公园，到把一个国家建成公园，虽然需要走很长很长的路，但绝对是可能的，苏格兰已经做到了。

这种陶醉感一直伴随着我到达阿洛韦。阿洛韦，一个很好听的名字，一个标准的苏格兰乡村。这是我第一次走进苏格兰真正意义上的乡村。当地人告诉我，阿洛韦的现住人口仅4000多人。还没有来得及看彭斯故居和彭斯博物馆，我们就被村子里的景致所吸引。居民的住房，全部都是独栋小院。每栋建筑的私家花园面积，都是房屋的好几倍。鲜花、绿草、树篱，像是标准配置一样，比在格拉斯哥所看到的，更加迷人。彭斯故居的一侧，是多次出现在彭斯诗歌中的顿河。河流两边的斜坡完全被花草覆盖。在一片丛林中间，我再次看到与爱丁堡卡尔顿山上一模一样的建筑小品：得奖纪念亭。这是阿洛韦人为纪念彭斯所建的。一个小小的村庄，不多的居民，竟享有如此美的环境，如此好的治理，真有些令我不敢相信，或者说不可理解。二百多年来，阿洛韦人将彭斯心目中的诗情画意，变为了真真切切的现实。

彭斯博物馆门前有一个大大的停车场。那天游人不多，游客三三两两，指指点点，都显得很悠闲。走进博物馆，过道上摆满了印有彭斯头像的T恤、咖啡杯等纪念品。往里走,是一个很讲究的咖啡厅。看得出,苏格兰人的优雅与闲静,在乡村与城市都一个样。再往里走,就是彭斯博物馆的展厅。图片、实物、视频、耳机布满展厅。如果有足够的时间,这里是深度、立体地感受彭斯的一个好地方。博物馆留给我深刻印象的,首先是彭斯的帅气。这里有各种样式的彭斯雕像。把英俊潇洒一类的词汇全用在彭斯身上都不会过分。怪不得彭斯一生,最不缺少的,就是女性的追求和对爱的体验。博物馆原汁原味地展出了彭斯儿时的生活用品、青少年时期用过的各种农具、彭斯作品手稿,以及各种版本的彭斯诗歌集。

走出博物馆,顺着"诗人小道"步行不远,就是那个著名的彭斯小屋。据资料讲,这确实是彭斯一家住过的茅草屋。小屋与周围的草坪、门前的柏油路、对面的别墅相比较,反差太大了。我对眼前的茅草屋倒不陌生,我小时候在农村见过的这种房子太多太多了,很有点亲近感。小屋为土坯结构,屋顶的主材是干草加泥土。长条茅屋由厨房、卧室、牛羊草料库与农具间等几个不同功能的区间构成。耕牛与主人隔墙而居,草料、木桶、铁犁等杂物随地堆放。眼前所见,凡对我国1949年前后的农村中下层家庭的生活状况略有所知的人,都可以想象到。据说,房子是彭斯他老爹所建。彭斯就出生在这间小屋。走出彭斯小屋,似乎就走出了一个时代。从社会发展水平看,彭斯时代的阿洛韦与今天的阿洛韦比较,二者的差距,也就是传统与现代的差距。

# 自然之子

彭斯的故事就是从这里开始的。彭斯的父亲是一个佃农。其家境属于当地的中下层。彭斯很小就开始下地劳动。他后来回忆到，孩提时代的生活就是"无休无止地劳作，一切都与世隔绝，只有和一小块土地打交道"。这样的生活一直延续到彭斯27岁。劳作之所以没有彻底扼杀这位天才，一个重要原因是彭斯父亲对孩童教育的态度。彭斯父亲接受过一些教育，他懂得教育对孩子发展的重要性。他事实上也几次用请家教等形式，为彭斯提供了不多但也很重要的早期教育。彭斯小时候可以读到《圣经》以及莎士比亚作品等书籍。劳作之余的彭斯，有属于自己的时间。史料记载，彭斯在二十岁左右时，曾经与村上志同道合的伙伴们一起，组织过一个叫"单身俱乐部"的业余文学社。可见这位农村青年的精神生活还不算单调。

对于文学天才而言，这样的出身是福是祸很难说。彭斯毫无疑问是个文学天才。他与众不同的天赋主要表现在：极其丰富的感受力，对感受的珍爱与忠诚，以及表达感受的才能。这三种禀赋一旦融于一人之身，必然会形成一种内生的力量，喷薄而出，不可遏制。对于彭斯而言，他一生几乎没有见过真正的校园，更不用说走入格拉斯哥大学、爱丁堡大学那样的名校。然而，这丝毫没有影响到他的诗才的发挥。他所需要的是表达情感的工具，即语言和文学作品。从母亲和阿洛韦的乡亲那里，他感受到了民歌这种表达情感的样式。从断断续续的家教那里，他学会了阅读《圣经》和莎士比亚等文学作品。据说，他还曾读过亚当·斯密的《道德情操论》。对于诗人而言，这就够了。如果继续接受书本教育，他也许就不是我们今天所谈论的这个彭斯了。彭斯15岁就开始了他的诗歌创作生涯。他最好的诗作基本上都是在27岁去爱丁堡之前写就的。

彭斯是在麦田里长大的。他的酸甜苦辣都来自麦田。彭斯的创作生涯伴随着他的感情生活而开始。彭斯讲道："我们乡下有习惯，在收获季节，总是让一男一女做伴去劳动。在我15岁那年秋天，同我做伴的是一个只比我小一岁的迷人姑娘。我很难用我有限的语言描写她的美。我初次尝到了某种美的感觉。我认为这是人生第一乐趣，是世上最可贵的乐趣。"这段话可以看作是彭斯做人和写诗的宣言书：对情感的敏感和珍爱。15岁的彭斯，坦诚地表达了他对这位美丽姑娘的爱：

>她穿得洁净又齐整，
>>她正派代替有教养。
>
>她步态端庄展雅静，
>>她穿啥衣服都风光。
>
>她华丽衣着文雅样，
>>会轻轻打动男人心。
>
>但只有朴质和天真，
>>才真正让人喜心上。
>
>正因此，奈丽让我喜，
>>正因此，奈丽迷我魂。
>
>她千真万确在我心里，
>>她任意地占据我的心。

以后的彭斯，劳作和写作成了生活的主要内容。当然，收获粮食的同时，也在收获着爱情。20多岁的时候，彭斯爱上了当地的一位叫琼的漂亮姑娘。没有琼，也许就没有那首红遍世界的名作《一朵红红的玫瑰》。这首诗是诗人为琼而作的。然而，好事多磨。琼的父亲坚决反对这桩婚事，甚至把女儿送往远处的亲戚家去。一贯率性的彭斯决定出走牙买加。费用从何而来？彭斯将自己的几十首诗歌整理成册，想用出版诗集来赚点路费盘缠。没有意料到的是，这本诗集赚到的，不仅是钱，更是命运的改变。彭斯因这部诗集而一举成名。琼的父亲再没有阻挠这桩婚事的理由了，彭斯和他心爱的女人走进了婚姻的殿堂。彭斯爱过的女性和爱过彭斯的女性，可以用"不计其数"来说，但是，琼对彭斯的爱是真诚的、无私的、伴随一生的。

27岁那年出版《苏格兰方言诗集》，是彭斯一生的转折点。此时的彭斯，已经有资本走出艾尔、走进爱丁堡了。《苏格兰方言诗集》受到意想不到的欢迎。不仅在爱丁堡，而且在世界许多地方，都出现了很多彭斯诗歌爱好者。彭斯也因此认识了更多文化界、出版界的人物。彭斯除了继续写诗，还协助朋友做了大量收集、整理苏格兰民间音乐和民间诗歌的工作。不过，对自然、淳朴的忠诚，是彭斯一贯的态度。尽管此时的彭斯经常出入于爱丁堡的上流社会，但他很快发现，这里不属于他，他也不属于这里。彭斯后来还是回到了阿洛韦地区。随着耕地租用期的变化，他搬迁过几次家，最后定居在距阿洛韦不远的一个小镇。

彭斯在这里谋到了一个税务官的职位，算是有了固定的收入来

> 苏格兰阿洛韦小镇。
> 彭斯故乡。

　　这是彭斯故乡阿洛韦小镇上的得奖纪念亭，阿洛韦人为纪念彭斯而建。这个建筑小品出现在远离闹市的乡村景色中，更彰显它的清新秀丽、朴实大气。这应该是献给彭斯的最好的礼物。

源。工作之余，彭斯永远不会忘记他对真情的忠诚和对诗歌的热爱。据说，在一次外出途中，彭斯路过一个小酒馆，看到一群白发苍苍的老者围坐一团，动情地歌唱。原来，老人们是按照年轻时的约定而到这里聚会的。他们一边高歌，一边痛饮，追忆往昔的美好时光。彭斯见状，感触万端，多么美好而神圣的过去好时光啊！彭斯文思泉涌，挥笔成诗。于是就有了那首著名的《过去的好时光》（又译作《友谊地久天长》）。

友谊可以地久天长，生命却太短暂。30多岁的彭斯，健康状况每况愈下。最后，他的生命永远停止在37岁。当地人为彭斯举行了隆重的葬礼，送葬的人竟达12 000多人。人们自发捐款，为彭斯修建了墓园，竖起了雕像。

彭斯在病危之际，向他的妻子琼说道：我死后，人们会更加崇敬我。

彭斯的预言是对的。

## 真即美

在告别阿洛韦后，我们该返程了。

据当地人讲，阿洛韦周边有好几处纪念彭斯的博物馆，包括单身汉俱乐部旧址。凡彭斯一家生活过的地方、用过的物品，都得到了很好的保存。看来，故乡人是更懂彭斯、更爱彭斯的。在回程的路上，望着车窗外的美景，我在想：是什么样的底气让彭斯敢说以后人们会更加崇敬他的话？彭斯的成就与眼前的土地与树木，有什么样的关联？

或许，彭斯的秘密，就藏在这里的山水、土地、花草、树木之中。彭斯一生的绝大多数时间，都是在这里度过的。他不仅仅是住在这里；早年做佃农时，随着租种土地的变化，这一带的许多田地上，应该都留有彭斯的足迹和汗水。后来做税收官员，他更有机会走遍这里的山山水水。这样的经历，对于彭斯这种敏于感受、忠于感受、善于表达感受的天才来讲，普通人意义上的劳作，恰恰是诗人激发情感、体验情感的不可缺少的机会和过程，彭斯乐在其中。彭斯生于自然，长于自然。自然于他，不是亲近、回归、热爱的对象；自然就是他，他就是自然。评价诗作的常用模式，如借景抒情、触景生情等，在彭斯这里无法套用。

让我们欣赏彭斯的几首小诗：

### 沿着小溪走过

他们沿着小溪走过，
　　山谷里繁花锦簇；
他一次次把脸贴在她脸上，
　　总在表达着爱的欣赏。

他说，玛丽，咱们何时再来
　　继续这样的愉悦相爱？
玛丽说，亲爱的，我喜欢这条小溪，
　　像它一样永远跟随你。

## 可爱的贝尔

春风微笑而来兴高采烈,
　　阴沉的冬天冷酷地离去,
此刻瀑布晶莹清澈流泻,
　　天空晴好湛蓝阳光和煦。
清晨越过高山进入视野,
　　晚霞涂抹着海洋的隆起。
太阳归来万物欢呼雀跃
　　我因可爱的贝尔而欣喜。
花季的春天引领夏日和煦,
　　秋日黄叶落地急迫而来;
阴郁的冬天又轮回而至,
　　直到微笑春天去后又来。
这样季节欢舞生活变易,
　　时光和自然讲述变化史;
只有我从不变心不变情,
　　只爱慕贝尔这个好女子。

## 我的心啊在高原

我的心啊在高原,我的心不在这里;
我的心啊在高原,追逐着鹿群,
追逐着野鹿,追逐着野狍,
我的心啊在高原,不管我在何处飘摇。

再见吧，高原！再见吧，北方！
你是品德的家园，勇士的故乡；
不管我流浪何处，不管我何处浪迹，
高原的群山永远在我心底。

再见吧，银装素裹的高原；
再见吧，绿色山谷与河滩；
再见吧，参天的森林和丛生的野树；
再见吧，奔腾的激流和轰鸣的流瀑。

我读这些诗作的感受是，彭斯的诗情全都孕育、生长于大自然，流溢、喷薄于大自然。没有与大自然的触摸碰撞、共存共生、相依为命，就没有彭斯的情感世界。以《沿着小溪走过》一诗为例，他与玛丽的情感与故事，就发生在小溪、山谷中。正是眼前的美丽景色，孕育了他与玛丽的情愫；或者是他与玛丽的依恋，为小溪注入了欢快与柔情。人物、故事与小溪、山谷一样，本来就是大自然的组成部分。彭斯的诗句如行云流水，似乎压根儿不需要拿捏、雕琢；他把他和她的情感看作溪水一样，是一种存在，自自然然。

以下两首诗歌，是彭斯的代表作品：

### 一朵红红的玫瑰

呵，我的爱人像一朵红红的玫瑰，
　　六月里蓓蕾初开。

呵，我的爱人像一支甜甜的乐曲，
　　演奏的和弦合拍。

我的好姑娘，你是这么美，
　　我的爱是这么深。
我将永远地爱你，亲爱的，
　　直到大海干枯水流尽。

直到大海干枯水流尽，亲爱的，
　　直到太阳把岩石化作灰尘。
呵，我将永远地爱你，亲爱的，
　　只要我生命不止一息犹存。

再见吧，我唯一的爱人，
　　再见吧，让我们暂时分离。
我一定回来，亲爱的，
　　哪怕是远行千里万里。

## 过去的好时光（友谊地久天长）

为了过去的好时光，朋友，
　　为了过去的好时光，
让我们干一杯友谊的酒，
　　为了过去的好时光。

老朋友怎能遗忘掉,
　　永不再放心上?
老朋友怎能遗忘掉,
　　还有过去的好时光?

我们曾游遍山冈,
　　并把野菊来采摘;
我们已历尽辛与苦,
　　远离过去的好时光!

我们曾蹚溪又过河,
　　从早晨直到晚上灯火亮;
如今大海将我们分离,
　　远离过去的好时光!

老朋友,我已伸出我的手,
　　请你也伸手相握。
让我们干一杯友谊的酒,
　　为了过去的好时光。

　　这两首诗歌拥有最多的读者,最受世人喜爱、传唱。过去是这样,我判断,未来也会是这样。诗的魅力何在?朗诵也好,吟唱也好,作为读者,我们感到亲切自然,感到似曾相识,感到诗句所表达的，就是我们自己的经历或自己的情感。我们经历了，感受了，但我们没有或不能把它们表达出来。感谢彭斯做了我们想做的。那些本来是属于我们自己的瞬间美感，通过彭斯的诗作，固化为永恒的珍藏，共享的财富。若是按教科书上的理论去评价彭斯，很可能会得出"太单调，不深刻"的结论。而人们就是喜欢彭斯的这种简朴、纯真。

彭斯在忠实地表达着他的感受。他的伟大就在于，他感受到了人的最真实、最普通的情感。他珍爱这些情感，他表达出了这些情感。情感与花草、山水一样，是存在，是事实，是自然的一种。凡自然拥有的生命力，情感都有。她是真的、活的、永恒的。我们的判断和认识可能出错，而情感不存在正确与错误。彭斯像忠诚于他所生存的自然一样，忠诚于他所拥有的情感。

写到这里，我想起了两句很值得深思的名句。

第一句是："上帝创造了乡村，人类创造了城镇。"

第二句是："英国的灵魂在乡村。"

如何理解这两句话呢？

人们近乎本能地喜欢花草、树木、山峦、清泉、湖泊，喜欢飞鸟游鱼的活泼可爱，喜欢孩童的天真自然，喜欢人的真诚朴实。这种价值追求的规律是：教养越好则这样的追求就越强，文明程度越高则这样的追求就越普遍。这就是社会进步的一个悖论：越接近终点，越怀念起点。现代化的标志之一是城市化，而城市化水平越高，人们越是向往乡村的自然气息。以上两句话都出自英国作家。第一句话是英国诗人威廉·柯柏（1731—1800）的诗句。第二句话是英彭斯博物馆。

　　这是彭斯博物馆展出的彭斯用过的椅子、凳子和图书。彭斯酷爱苏格兰民歌。成名以后，他把相当多的精力都用在了收集、整理、出版苏格兰民歌的活动中。这些展品或许就是他当年的陪伴。

为什么是苏格兰

国当代作家杰里米·帕克斯曼（1950—　）的名言。彭斯用他的诗歌诠释了何为上帝的作品，何为乡村的灵魂。其实，不仅仅是英国，当一个国家真正走入现代化以后，人们都会有这种感悟与追求。英国人所以这样说，是因为英国人最先走入了现代化。

不难发现，在发展中国家正忙着依照城市的样子改造乡村时，发达国家则忙着依照乡村的样子改造城市：楼房低一些，花草多一些，空气好一些，噪音少一些，邻里近一些，节奏慢一些，笑容真一些，行为雅一些，活力强一些。这或许就是社会进步的必然趋势。

自然是以什么样的奥秘来激活、唤醒、吸引人们的心灵世界呢？享有现代文明的人，为什么比过去任何时候都更喜爱自然呢？花园与绿地、山峦与河流、郊外与乡村、飞鸟与游鱼、童真与朴实，以及彭斯诗歌这样的艺术作品，生命力何在？我思忖：首先，在于她们是事实，是实实在在地存在；其次，在于她们拥有生命、活力与变化；再次，在于她们经历了沧海桑田，她们是永恒的见证。我把以上的表述概括为：忠于感受，欣赏生命，敬畏永恒。这是彭斯的秘密、彭斯的追求，是启蒙时代留给后人的遗产，也是现代文明不可或缺的组成部分。

评价彭斯的文字很多很多。我非常欣赏卡莱尔对彭斯的评价。托马斯·卡莱尔（1795—1881）或许更能理解彭斯。他出生于彭斯离世的前一年，他的家乡也在苏格兰南部，离彭斯家很近。他很小的时候就听过、读过彭斯的作品。他在爱丁堡大学接受过良好教育，后来做过爱丁堡大学校长。这位理性的苏格兰学者是这样评价感性的苏格兰诗人的："他是一个达到了永恒深度的人。他若云雀，从低下的地垄开始,高高飞上蓝天深处,并在那里为我们如此真实地歌唱。他有一种高贵的、粗犷的真诚,有诚实、简朴的乡村气息,真实单纯的力量。"

我完全赞同卡莱尔的看法。我们习惯把人和自然分开来看:人是主,自然是客。于是有了所谓的写景、抒情一类的说法。在彭斯的眼里,人就是自然。人的情感需求,如爱、友谊、怀旧、同情,就像草木在生长、溪水在流动一样,是自然的、神圣的、永恒的。作为一个人,要正视、享受、珍爱人的情感需求;作为一个诗人,要捕捉、留住、表达人的情感体验。在情感世界里,越是真实的、基本的、朴素的,就越是人性的。而萦绕于彭斯心中的、流溢于彭斯笔头的,也正是这些最人性的情感需求。这就是彭斯诗歌的魅力所在。卡莱尔在评价彭斯诗歌时用了"真诚、简朴、单纯"等词汇,这是最精准的概括。卡莱尔还谈到彭斯诗歌的另一特点:永恒深度。我同意这种评价。深度不一定是复杂、深奥、神秘;最人性的,就是最有深度的。

彭斯用他的诗歌,有意无意地碰触到了一个极其现代性的话题:真与美的关系。真的就是美的,还是善的才是美的?这两个问题看似深奥,而事实上人们都在自觉不自觉地做着选择和回答。每个人的选择与回答,常常受到特定时代价值观念的影响。农业文明背景下,善比真更重要,因而,善的就是美的;现代文明背景下,人们更愿意从真出发,因而,真的就是美的。

请比较这两句话:

**天不生仲尼,万古如长夜。**

彭斯小屋。

　　这是彭斯故乡阿洛韦镇上的彭斯小屋。远离富裕家庭与良好教育、远离工业与贸易、远离启蒙运动中心的彭斯，是怎样把握时代脉搏、开启时代先风的呢？或许，通向现代的众多路径中有一条捷径：由真而美。

**天不生牛顿，万古如长夜。**

前一句话出自宋代民间，后因朱熹引用而广为传播。后一句话是亚历山大·蒲柏为牛顿写的墓志铭。原文为：大自然与它的规律为黑夜掩盖；上帝说，让牛顿来吧，于是一切现出光明。

彭斯用行动做了选择：越是真的，就越是美的。"红玫瑰"与"好时光"的生命力，全在于爱与友谊这种基本人性需求的真实与美好。彭斯的艺术观与审美观，与这个时期苏格兰启蒙运动的价值追求是完全一致的。我曾与格拉斯哥大学的贝里教授讨论过这个问题：彭斯与格拉斯哥、爱丁堡的文人圈有交往吗？彭斯的创作属于苏格兰启蒙运动的一部分吗？贝里教授更承认司格特的贡献。我倾向于认为，就彭斯的性格与气质而言，他或许很难与思想家们融为一体，但是，就对感情、人性的态度而言，他们的价值追求是相通的。

紧随彭斯而出现的一代诗人，如华兹华斯、雪莱、拜伦等，都以彭斯为先驱，崇尚对动物、植物、山峦、大海的热爱，高扬对情感、个性的尊重。这种史称浪漫主义的艺术思潮，是完全现代性的。顺便说一句，作为哲学、文学的浪漫主义与日常语言中所讲的"浪漫"一词，在内涵上有本质的区别。我尽可能不把彭斯与浪漫一词相联系，原因就在这里。

彭斯从人性出发走向诗歌。彭斯的创作起点，也是苏格兰启蒙领袖们共同的出发点。在后面几个人物的介绍中，我还会谈到这个话题。

彭斯博物馆。

　　这是彭斯博物馆的一件展品，介绍彭斯创作《过去的好时光》的背景情况。彭斯喜欢苏格兰短语"过去的好时光"。仔细揣摩，"过去的好时光"确实比"友谊地久天长"更有表现力。

155　　六　彭斯之旅

## 爱丁堡艺术节

彭斯曾预言：人们对他的崇敬会与日俱增。彭斯的这种自信，源自他对艺术的信念。彭斯生活在从传统到现代的大变革时代，他有理由感受到社会正在发生着的变化。彭斯凭诗人特有的敏感，捕捉到了这种变化：人性需求将会从角落走向前台，甚至是中央，情感将会赢得前所未有的地位。他的一夜成名，他的作品的快速传播，除了他自己的天赋因素外，更重要的原因在于，人们认同、欣赏、追随他的价值观念。在人口稀少的苏格兰，在偏僻的乡下，一个诗人的葬礼竟能有上万人参加，很是能说明问题。

这种变化，在经历了工业革命洗礼后的苏格兰，用多种多样的形式呈现出来。

我想在此用一点点篇幅，谈谈爱丁堡国际艺术节。碰巧，这几天正好是8月中旬，一年一度的爱丁堡国际艺术节也正在热热闹闹的进行中。媒体不断报道着来自爱丁堡艺术节的各种信息，精彩纷呈，好不令人心动。借用彭斯《我的心呀在高原》的诗句：此时此刻，艺术爱好者的心啊在爱丁堡！

爱丁堡艺术节是一个什么样的节日呢？它与彭斯有关联吗？为什么地处英国边陲的小小爱丁堡，能举办世界性的盛大艺术节？为什么爱丁堡国际艺术节从开办至今七十多年来长盛不衰、越办越火？为什么世界各地的艺术家们要去爱丁堡表演节目？为什么世界各地的艺术爱好者们要去爱丁堡观看节目？

爱丁堡艺术节初创于1947年，也就是"二战"结束的第二年。

苏格兰阿洛韦小镇。现住人口4000人。

  这是彭斯故乡阿洛韦的一处普通民居。这里随处都是这样迷人的景色。从彭斯家的茅草屋到眼前的花园别墅，此间翻天覆地的变化是怎样发生的？这种变化是怎样影响到世界各地的？彭斯诗歌在这个变化过程中产生过什么作用？欣赏美景之余，不能不思考这些问题。

据说，这个念想早在1942年的某个时刻就出现了。有一天，两位爱丁堡的艺术家在观看了一场歌剧之后，漫步在爱丁堡的王子街。看着沐浴在月光下的爱丁堡城堡，两位艺术家感慨道：这里是举办艺术节的绝佳地点。

"二战"结束以后，旧话重提。爱丁堡因齐全的艺术设施、优雅的古典意韵，适中的城市规模，成为举办世界艺术节的理想之地。1947年8月，第一届爱丁堡艺术节圆满举办。

请欣赏2019年度爱丁堡国际艺术节的广告词，读来颇有些彭斯诗歌的味道：

　　长长的白昼，
　　凉爽的夏风，
　　此时的爱丁堡仿佛在屏住呼吸，
　　迎接盛大的八月来临。

　　八月的爱丁堡将化身成一座狂欢的城市，
　　我们在这里庆祝艺术，庆祝生活，
　　庆祝美好与哀愁，
　　庆祝我们对这座城市的爱。

爱丁堡艺术节由五大艺术节活动构成，每年8月初开幕，8月底闭幕，历时三周。五大艺术节分别是：

爱丁堡国际艺术节。这是创办最早的艺术节，以话剧、歌剧、舞蹈、交响乐等高雅艺术形式为主。国际艺术节的水准以及在业内的地位,从2019年的参演团队阵容就能窥一斑见全豹:洛杉矶爱乐乐团、苏格兰芭蕾舞团、悉尼戏剧团、英国国家剧院、巴黎交响乐团,以及中国的上海交响乐团等。中国钢琴家王家羽和舞蹈艺术家杨丽萍等,也都出现在今年的节目单上。2019年度还有12场在世界或欧洲范围内都属于首演的节目亮相于爱丁堡国际艺术节。艺术节的落幕方式,是华丽的烟火音乐会。四十多万枚烟花在爱丁堡城堡上空绽放。

边缘艺术节(又称艺穗节)。边缘艺术节以前沿、民间艺术展演为主。这个节日的来历很有意思。首届爱丁堡国际艺术节筹办期间,有来自苏格兰和英格兰的八个小型演出团体递交了参演申请,但他们始终没有收到艺术节组织者的邀请。这八个团体选择了不请自来。他们在主流剧院外的街道上、草坪上,自发组织了免费演出。这些演出也出乎意料地受到了爱丁堡人的欢迎。于是有了今天的边缘艺术节。在七十多年的坚持中,边缘艺术节已经发展为世界最大规模的非主流艺术节。每年的演出场次高达3000多场,大有从"边缘"走向"中央"的趋势。那个有名的英国喜剧演员"憨豆先生"就是从边缘艺术节走出来的。艺术家们可以在音乐厅或剧场演出,也可以在草坪、街头、餐馆等一切有观众的地方演出。

爱丁堡艺术展。这是一个以视觉艺术为主的展示平台,展出场地多在艺术学院、艺术馆等专业场所。这个节日已经发展为世界各地的画家、摄影家等视觉艺术家和视觉艺术爱好者的年度盛会。

皇家爱丁堡军乐节。军乐是观赏性最强、最受欢迎的艺术形式之一，军乐节也因此成为爱丁堡国际艺术节的最大亮点。每年的军乐节都有不同的主题，如2019年的主题是"万花筒"，表演将配合色彩、光线和音乐，营造万花筒般令人炫目的视觉效果。

爱丁堡国际图书节。据说这是世界上规模最大、最具活力的图书节。每年的图书节都要组织800多场活动，涵盖讲座、诗歌朗诵、故事会等内容。许多名著的作者，如诺贝尔文学奖得主、哲学家等，都愿意与读者汇集一堂，围绕他们的作品，与读者开展面对面的交流。

这是爱丁堡国际艺术节的大概情况。

其实，除8月份以外，爱丁堡还有几个世界性的大型节日，如国际科学节、国际影展、爵士与蓝调音乐节等。每年有来自世界各地的四五百万人参加爱丁堡的各种节日活动。爱丁堡人确实做到了"把世界艺术形式一网打尽"，爱丁堡无愧于"北方雅典""文学之都"的称号。

这是奇迹！刚刚从"二战"灾难中走出来的爱丁堡人，敏锐地捕捉到了人性深处对美的需求；这种需求竟然在满目疮痍的废墟中复苏，在饱受创伤的心底里复苏！

这是创新！艺术需要交流，交流需要平台。爱丁堡人创建了为世界艺术家和艺术爱好者所需要的交流平台。继爱丁堡之后，举办各种类型的艺术、文化类的展示、比赛活动已经成为时尚。爱丁堡人领风气之先。

这也是苏格兰人对现代化的诠释。现代化的落脚点在人的现代化。从情感出发，经过理性，再回到情感。换句话说，从真出发，司格特纪念塔。

　　这是位于爱丁堡王子街中心地带的司格特纪念塔，高60多米，塔中间是司格特雕像。为一个作家建如此雄伟壮观的纪念塔，全世界绝无仅有。爱丁堡无愧于"文学之城"称号。

经过善的洗礼，再升华到美，不就是人生的最高境界吗？

在爱丁堡人看来，仅有对诗人彭斯的崇敬是不够的，他们愿意崇敬一切的艺术形式和一切的艺术家；仅有彭斯之夜的诗歌欣赏是不够的，他们愿意拿出更多、更充沛的时间与精力，欣赏更多、更新颖的艺术作品。艺术之于苏格兰人，已经从奢侈品走向日用品；艺术创作和艺术欣赏，已经成为苏格兰人的生活方式。

一个五十多万人口的城市，一年要举办上万场次的艺术活动。单说每年的8月，爱丁堡人几乎是徜徉在艺术的海洋里：或者以组织者、志愿者的身份参与，或者以普通欣赏者的身份参与。这样年复一年的熏陶，对这个城市和这里居民的生活品位、生存质量的提高所产生的作用，是可想而知的。请想想这里的中小学生，从小学到高中十多年的学生时代里，在所谓"三步一小唱，五步一大舞"的艺术节里，人人都有机会欣赏到世界上最经典的话剧、舞剧、交响乐，目睹世界上最前沿的新潮艺术，以及最通俗的街头表演。爱丁堡不就是一所没有围墙的艺术学院吗？爱丁堡学生的艺术素养，以及日后的创新活力，是不言而喻的。

最早走入现代的苏格兰人，用他们的行动诠释着现代化的多维内涵。或许，在后发国家，人们会把敬意献给为工业化、城市化做出贡献的经济学家或技术发明家，比如亚当·斯密或瓦特。而几年前的民调，苏格兰人把这份荣誉献给了彭斯，献给了艺术。可见情感生活在现代人生活中的地位。

爱丁堡艺术节的经久不衰还说明，像经济需要市场、需要自由一样，艺术更需要自己的交流市场、创作自由。在这里，艺术家、欣赏者、经纪人、场馆经理们，自由地、自主地做着自己的展演、欣赏、交流、组织等各种形式的"买与卖"。艺术就是在这种观赏、选择、碰撞、竞争中走向繁荣的。爱丁堡艺术节既有彭斯诗歌作品的影子，更有亚当·斯密经济思想的影子。一个社会一旦有了繁荣艺术与科学的观念基础和制度保障，创新就只是个时间问题和形式问题了。

我一直在追问苏格兰所以能创造现代世界的原因。这，或许是答案之一。

# 七　亚当·斯密之旅

## 柯科迪的骄子

我不知道读者对亚当·斯密的熟悉程度与兴趣程度。亚当·斯密（1723—1790）是一位古典经济学家，写过一本叫《国富论》的书。我直到大学毕业的时候，对亚当·斯密的了解也就是这个水平。亚当·斯密之所以能引起我的兴趣、关注以致崇敬，源自于我国改革开放初期的那场讨论——走计划经济的老路，还是走市场经济的新路。从那个时期开始，我一直关注着与市场经济有关的人和事。

我经历了吃不上玉米面窝窝头到白面馒头都不想吃的全过程，用主流话语讲，就是经历了从贫穷到温饱、从温饱到小康的全过程。我知道为这个奇迹般的巨变做出贡献的人很多很多，而在我的认知水平上，我愿意把敬意献给两个人：一个是邓小平，另一个就是亚当·斯密。邓小平选择了市场经济道路，亚当·斯密创建了市场经济理论。这是我关注亚当·斯密的起因。

随着阅读与思考的深入，我才知道，仅仅把亚当·斯密看成一个经济学家，是对这位伟人的窄化和矮化。有人把亚当·斯密称为人文领域中的牛顿，我赞同这种看法。我们苦苦追求的现代化事业，早在斯密所生活的18世纪就开始了。为这个事业做出过奠基性贡献的，斯密是其中一位，而且是非常重要的一位。

苏格兰之旅，可想而知，亚当·斯密游，是我的计划内容之一。出于好奇，我想看看是什么样的沃土养育了这位思想家，看看近水楼台的苏格兰，是怎样吸纳斯密思想的；出于认知，我想通过对思想家故土的走访与感受，来理解和领悟思想家所提出的商业社会与商业文明理论；出于敬仰，我想近距离献上一份对思想家的敬意。我是斯密等先驱们所开创的现代化事业的亲历者和受益者，我还是斯密等先驱们所倡导的启蒙思想的接受者和实践者。

亚当·斯密的出生地在柯科迪，一个苏格兰小镇。去柯科迪的那天，又碰上了阳光明媚的好天气。从爱丁堡到柯科迪，直线距离并不远。站在爱丁堡福斯湾海岸极目远眺，就可以看到福斯湾北岸的法夫地区，柯科迪属于法夫郡的一个小镇。福斯湾像大西洋延伸到内陆的一个锐角，或者说是福斯河由西而东的入海口。从市区到郊外的这段路程很顺畅，也很安静。爱丁堡城乡接合部没有我想象中的繁忙、杂乱现象。苏格兰显然已经走出了城市化早期所要经历的那段历史。

不知不觉，车子已经驶在了满眼绿色的高速路上。

司机的一句话提醒了我，让我想起了一个听了好多遍的名字：

福斯湾铁路桥。我们从福斯湾公路桥走过，从公路桥向东望，可以清楚地看到著名的福斯湾铁路桥。大桥横跨海湾，造型别致，像是由几个硕大的鹊巢组合而成。红红的桥体，绿绿的海水，远远看去，就是一幅天地合一的风景画。福斯湾铁路桥是爱丁堡的一个小有名气的旅游景点。在格拉斯哥旅游时，就有朋友向我推荐这个钢铁时代的钢铁艺术品。

福斯湾铁路桥建于1890年，距今已经有近130年的历史。据说直到现在，每天还有上百趟的列车从桥上通过。这是世界上第一座钢架结构桥，是工业革命时代英国强大国力与先进技术的见证，也是19世纪世界桥梁史上里程碑性的作品。2015年申遗成功，福斯湾铁路桥成为英国第六个被列入世界遗产名录的历史古迹。大桥的设计者是当时的一位著名工程师，他曾坦言，桥的造型受到中国古代鹊桥的启示。

也巧，李鸿章在福斯湾铁路桥建成的第七个年头就到访爱丁堡，并参观了这座桥。李鸿章或许因为这座桥的造型和颜色的中国元素，很喜欢这座桥，也想在中国建这样的桥。很遗憾，李鸿章没能看到这一天。大桥设计师很大胆地为大桥选择了红色。桥的体量太大，为桥体刷漆成了一个浩大的工程。人们判断，等到桥体后半部分的漆刷完了，前半部分的漆就已经褪色了，又该开始新一轮刷漆了。福斯湾铁路桥因此还为英文增添了一句谚语：给福斯桥刷漆（Paint the Forth Bridge），用于比喻可能是一件永远做不完的事。

福斯湾铁路桥激起的一阵兴奋过后，我们又开始享受车窗外的景色了。这条公路是爱丁堡通往苏格兰北部地区的主干道，但是车福斯湾铁路桥。

　　这是著名的爱丁堡福斯湾铁路桥。大桥是技术与艺术完美结合的杰作,已收入世界文化遗产名录,是爱丁堡的一处旅游景点。大桥全长2.5公里,1890年投入使用,1996年所做的质量评估显示,此桥完全具备继续使用的技术要求。至今每天仍有180-200辆火车在桥上穿行。

辆并不多。公路两旁除了树林就是草地。高速路像一条飘带,平静自然地飘落在大地上,没有霸道感,没有张扬感。路两边看不到沿路而栽的人工树林,有些地段甚至没有高速路两旁常见的护栏。从车窗向外看,视野开阔,景色如画,更显自然。高速路的出入口很自然地与路旁小道衔接,看不到铁管包围的收费站。

高速路的这种设计、建设与管护理念,体现着人与自然和谐相处的价值追求:不要因为人类工程而过分地破坏自然,干扰自然;更不要为显示人类的力量而追求工程的怪异、霸道与高大。文明的标志之一,体现在人对自然的态度上:平静地、友好地与自然和谐相处,共生共荣。

出高速路不远,就进了柯科迪镇。与瓦特故乡比较,柯科迪算是一个中等规模的镇。镇的主街上,可以看到来来往往的行人。主街以北的柯科迪博物馆、亚当·斯密剧场等地方,车辆和行人都不多。最出乎我意料的是,在斯密故乡却一时找不到斯密故居。问了几个年轻人,大家都满脸茫然。好不容易碰上了一位热心的老者,才领我们穿过近百米长的小胡同,找到斯密故居。似乎这位现代市场经济理论之父的故乡人,压根不知道名人效应理论或招商引资一类的做法。在这个宁静的小镇上,看不到任何和斯密相关的标语、广告。

斯密老宅在柯科迪镇的东侧,是一栋很普通的二层小楼。从故居正前方走几十米,就是一望无际的北海。和瓦特出生地很相像,斯密也是吸着海风的气息长大的。不巧故居当天不开放,远道而来的我很是有点失望,又不想马上离去,只能在老宅外的广场上找个靠椅坐下来，搜寻记忆中的斯密往事了。

斯密的父系和母系都算是当地的望族。他的父亲先后在军界、法律界工作过，后来做了柯科迪地方税务官。老斯密早年曾游历英格兰和欧洲各地，据说很喜欢法国的波尔多，即那个盛产葡萄酒的地方，孟德斯鸠的故乡。这种经历多多少少对小斯密有些影响。父亲早逝，斯密又终身未娶，因此，母亲成了斯密一生相依为命的人。母亲出身名门，为人善良，具有良好的教养，对斯密性格的形成影响最大。据斯密的生前好友、哲学家斯图尔特讲，斯密很小就表现出了超群的记忆力和对读书的热爱。小斯密身体孱弱，不便参与伙伴们的游戏活动。他一生中的一个习惯，可能从小就养成：一个人独处时常自言自语，与同伴相处时则心不在焉。

斯密是苏格兰先进教育体系的受益者。在近三百年前的柯科迪，就有了很完备的中小学教育建制。早在斯密时代，这里的贵族子弟就有机会接受良好的教育。这个小镇因而走出了多位各个领域的优秀人物，包括我在"建筑之旅"部分谈到过的建筑师罗伯特·亚当。

当时的学校开设阅读、写作、算术、历史等很齐全、很规范的课程。史料记载，斯密在上小学一年级时，老师曾布置过这样一次家庭作业：翻译一篇文章。老师安排这份作业的意图是锻炼学生的判断力，让学生养成良好的语感和书写习惯。这样的作业设计理念，放在今天都不落后。这所学校的学生有如下的课本剧表演：由12位学生组成一个委员会，围桌而坐，听取和讨论民众的诉求。代表着以下民众的学生依次发言：一位商人，一位农场主，一位绅士，一位贵族，两位学校老师。在委员会讨论和表态结束以后，由一位扮演

这是格拉斯哥的克罗帕特公园小学的学生主题活动场景。学生以小组为单位，就产品质量保障、环境保护等公共政策问题，展示自己小组的研究成果和政策建议。在场的同学、家长、老师等用投票的办法表达自己对学生建议的态度。

绅士的学生向委员会表示感谢。这是一个完整的公众参与决策的模拟活动。史料没有记载斯密在课本剧中扮演的角色。

我之所以要与读者分享这个故事，是想表达这样的意思：公众参与、民主决策，是现代化的重要内容，是现代社会的常态。我在格拉斯哥的一所小学考察时，看到了几乎是同样内容、同样形式的学生活动。学生的责任素养与参与素养，就是这样培养出来的。

走在斯密老宅前的小路上，我一直在想，斯密15岁走出这个小镇时，小镇和家庭给了他什么？这些所给对斯密的成长和斯密思想的形成有什么影响？

斯密是最早意识到现代性的思想先驱之一。现代性是一个学术概念，主要指现代社会的本质属性。现代化、现代社会有许多可以看得见、摸得着的表征。决定这些表征性质的，就是所谓现代性。与传统的农业社会比较，现代社会的重要性质之一就是商业，包括商业社会、商业文化、商业文明。这是斯密的重要发现。而斯密本人一辈子没有参与过严格意义上的商业活动，也看不出他有经商的才能。我想，如果斯密生在一个纯农业社会的国家或地区，今天谈论的这个斯密是不可能存在的。

斯密没有经商的才能，但有思想家的敏锐。离小斯密家不远，就是一个很繁忙的码头。在陆路交通不很发达的年代，水路的意义可想而知。当时的柯科迪港，已经有通往英格兰、法国、荷兰等地的贸易航路。这决定了柯科迪在那个时代就是一个制造业和贸易很活跃的地方。"海关工作的家庭背景，使得斯密去海港参观时，有格外的兴趣去关注港口进进出出的煤炭、盐、玉米、亚麻布、钉子等货物的价值。"斯密传记里有这样的记载。上文提到的小学课本剧的民众代表，基本上就是当时柯科迪居民职业的构成。斯密是在这样的氛围中长大的。市场交易越广泛，行业分工就越明细；反之亦然。二者永远互为因果。感受敏锐的斯密，在由小业主构成的柯科迪，耳濡目染地学习了最早的商业课。

我还想说，对于思想家的成长而言，学术思考是需要条件与资格的。

斯密有条件、有资格成为思想家。斯密出生在富裕家庭，一生不需要为柴米油盐而分心。斯密生活在和平时代，因而没有受到战争与救亡一类的冲击。斯密思维敏捷而又性格温和，从读大学开始，就有机会与一批天才般的思想家为师为友。他一生的教学与研究生涯很平静、很顺利。这些看似很平常的因素，一旦有机组合，就有可能产生出很不平常的结果。斯密和他的同时代苏格兰启蒙先驱者们，都占据了这些天时地利人和的条件。读斯密的文字，没有革命家、救世主式的豪情，也没有诗人、演说家式的浪漫，有的只是有板有眼、有理有据的讨论。斯密要做的是研究，他希望用他的理性与思考，为社会进步做出贡献。

斯密那一代思想家要做的事，与之前牛顿那一代科学家相比，对象不一样，而态度与方法则是高度的一致，那就是以中立的态度，冷静地观察和思考。苏格兰启蒙思想家们既具备了做研究所需的天赋，还具备了做研究所需要的条件。他们没有生计的困扰，没有战乱的干扰，没有迫在眉睫的家国救亡责任，没有党派利益与教条的束缚。只要愿意，思想家们就能像科学家们走进实验室那样，没有功利、不带偏见地观察和思考他们要研究的对象。他们有资格自主、自由地思考。这些条件看似平常，实则可贵。同时代的法国思想家、德国思想家，以及鸦片战争以来的我国几代思想家，都不同程度地欠缺这些条件。

## 格拉斯哥大学教授

读完中学后，斯密该读大学了；我们的思绪之旅也该到下一站了：格拉斯哥大学。实际上，格拉斯哥大学是我的苏格兰旅游的第一站。这里再谈格拉斯哥大学，是为斯密而来。

斯密当年为何选择格拉斯哥大学，而放弃了近在咫尺的圣安德鲁斯大学或隔河相望的爱丁堡大学？我同意这种看法：格拉斯哥的优雅与闲适，更适合斯密的性格。格拉斯哥一词的本义是"绿色的小山谷"。尽管现在的人口比当年要多得多，但是，绿色仍在，山谷仍在。凡去过格拉斯哥的人，都会承认那确实是一个宜居宜人的好地方。斯密那个时代，格拉斯哥仅有两万多人口。山清水秀，人口适中，确实是读书的理想之地。

斯密15岁进了格拉斯哥大学学习，三年以后毕业。接着，斯密又在牛津大学度过了七年的学生生活。从牛津回到家乡时，斯密似乎毫不犹豫地选择了学术生涯。在柯科迪和爱丁堡做了短暂的学术准备以后，28岁的斯密被选为格拉斯哥大学逻辑学教授，随后又改为道德哲学教授。

这里提及一件很有趣的逸事：在格拉斯哥大学工作期间，斯密格拉斯哥大学亚当·斯密商学院。

　　这是格拉斯哥大学亚当·斯密商学院入口处。我为了拍门上的两行字而没能拍上商学院全景。亚当·斯密商学院现有硕士专业36个、博士专业6个，有"格拉斯哥大学王牌学院"之称。

曾兼任过格拉斯哥大学的教务长。他像做学问一样认真地做行政工作。一次，因为学校教师宿舍紧缺，斯密不得不亲自出面，动员学校的一位物理实验员把已经分给他的房子让出来。巧得很，这位物理实验员就是瓦特。看来，天才们也躲不过琐碎的生活小事。

斯密在格拉斯哥大学度过了13年的平静而幸福的学者生活。也是在这里，斯密由学生而成为学者、由普通教师而成为享誉全球的哲学家。

今天的读者对斯密的了解，主要是通过他的哲学和经济学理论。其实，哲学、经济学只是斯密一生探究的顶峰，斯密的兴趣与关注点远远超出这些。斯密在天文学、修辞学、语言学、法学等领域都有过深入的思考。据他同时代人回忆，斯密在大学时最喜欢的科目是数学和物理学。我相信这是真的，因为斯密的做人和做学问，多多少少都体现着训练有素的科学家风范。我这里选择斯密自己的一段话："在教学中，某位长相普通但表情丰富的学生，对我判断自己的教学是否成功，有着很大的用处。他醒目地坐在前面，我会让他一直在我的视野之内。如果他身体前倾听讲，我就知道全班人都在认真听我讲课。但是如果他身体没精打采地往后靠，我立刻就觉察到不对劲了，我必须转变话题或说话方式。"

斯密的敬业与严谨，真令人感动！斯密的一位学生有过这样的回忆："最能发挥斯密才能的工作，就是教学。他讲课时，举止虽然说不上优雅，但是很平易，不矫揉造作。他当教授的名声越来越大，很多远地的学生慕名来到格拉斯哥大学。他所教的学科在当地变成时髦的学问，他的见解也成了俱乐部和文学社团所讨论的题目。甚至他的发音和谈吐方式上的微小特点也往往成为模仿的对象。"从柯科迪的小斯密到格拉斯哥的大教授,斯密的性格与形象越来越清晰:真诚,平实,敬业,严谨,可敬又可爱。

该谈谈教授的思想和影响了。斯密最有影响的著作有两部,第一部是《道德情操论》。这部著作是斯密在格拉斯哥大学期间的重要研究成果,首次出版于1759年,即斯密36岁那年。斯密一辈子钟情于这本书,一辈子都在修改这本书,最后的修订版即第六版完稿于斯密离世的前一年。由于这一稿的交稿日期一再推迟,斯密不得不写信解释:"我是个迟钝、非常迟钝的作者,每一篇作品在我能勉强满意它之前,至少要写上六七遍。"如此谦逊的话,出自一位66岁的学者,一位大名鼎鼎的思想家。第六版刊印于1790年初,几个月后,斯密与世长辞。这本书显然是斯密毕生思考和智慧的结晶。

有关《道德情操论》问世至今的研究、影响与好评,可以写一本厚厚的书。这里仅举一例。书出版不久,斯密就收到一位友人从伦敦寄来的信。友人讲道:在伦敦,时髦人士人手一册《道德情操论》。伦敦人因斯密曾在牛津大学读过书,因此认为这份成果有他们的功劳。

作为苏格兰启蒙运动的主要代表作品,《道德情操论》有什么样的启蒙意义呢?

在此,我先谈谈何为"启蒙"。

斯密开启了研究人与社会的全新方法。斯密的精神导师是牛顿,或者说,是以牛顿为代表的趋于成熟的现代科学方法。斯密、休谟等这批启蒙领袖,都是在18世纪自然科学所取得的开创性成果的沐浴中成长起来的。他们的血液里流淌着的，是只有他们那个时代才出现和成熟的所谓"新工具"：从根本上改变人类文明进程的科学态度与科学方法。这也是现代不同于以往任何时代、任何文明的实质所在。这种态度与方法的本质特征是，以中立的、客观的态度看待与研究人与社会，就像科学家观察与研究自然现象那样。先把歌颂、谴责、规范、要求等"应然"性愿望搁置起来，用不带偏见、不带预判的目光研究人与社会，以求一切都从"是然"开始。

这是一种具有开天辟地意义的新尝试。

人在开始认识人与社会的时候，在张嘴谈论人与社会的时候，很难处于中立性的白纸状态。已有的经历和看法、已经自觉不自觉地接受的观念与文化、已经占据心智的愿望与要求，或者面对自然与社会的失意、不满、恐惧与无奈，凡此种种，都自觉不自觉地影响、左右着人们的认知活动和认知结果。而所有这些，又恰恰被人们认为是习以为常的、天经地义的。牢牢控制着人的理性思考的，是最真诚、最强烈、最强大的良好愿望，以及以良好愿望形式出现的各种乌托邦。"应然"堂而皇之地变成了"是然"。所有谈人、谈社会的文字，都有诗情画意的文学色彩。人们坚信，存在着最美好的社会、最高尚的人格，于是应该歌颂之；与此同时，也存在着最罪恶的制度、最卑鄙的行为，于是应该谴责之。红黑两道，泾渭分明。顺之者昌，逆之者亡。从宗教文献到世俗经典，这种思维和这种思维下的产物，比比皆是。

这种情况下，人们不是不看、不会看，而是在没有光的黑屋子里看。光线被各种情绪、愿望、恐惧、仇恨、理想、乌托邦、彼岸世界的层层黑幕遮蔽。人类最需要的,是揭去遮蔽,让光亮照射在认知的视线之内。这就是"启蒙"一词的最基本的含义,也是"自由"一词的最重要内涵。

启蒙主义思想家不期望给后世编织又一个乌托邦,只希望给后世辨识乌托邦的工具。斯密讲:启蒙是一种解药,可以对抗由狂热和迷信所造成的幻觉,而这种幻觉会在无知的人们中产生最为可怕的后果。培根有言:知识就是力量。斯密要表达的是:错误或虚假的知识也是一种力量,这种力量往往会产生更为可怕的后果。

人性要比任何实验室的任何观察对象都复杂得多。除了各种各样的遮蔽以外,许多情况下,人们没有勇气去承认人性的复杂性,也没有勇气去审视、质疑传统与权威对人性的既有规范。启蒙思想家们所需要、所拥有的,是认识人与社会本来面目的勇气。与斯密同时代的德国哲学家康德(1724—1804)在解释何为启蒙时,说出了至今仍然是经典的一段话:

> 启蒙运动就是人类摆脱自己所加于自己的不成熟状态的起点。所谓不成熟状态,就是不经别人的引导,就不能自主地运用自己的思考。其原因不在于人们缺乏思考能力,而在于人们缺乏思考的勇气。勇在思考!即拿出勇气,自主思考。这就是启蒙运动的口号。

这是我崇敬这个时代和这些人的根本原因所在,也是我把启蒙运动看作是现代化起点的原因所在。这批学者的诚实、清醒与勇气,为世代折服。20世纪最有影响的思想家之一以赛亚·伯林（1909—1997）在谈到启蒙运动时，做过如下的评价："18世纪那些最有天分的思想家所表现出来的知识力量、诚实、清醒、勇气，以及对真理无私的热爱，至今仍然无可比拟。他们所属的时代，是人类生命史中极其美好、极具希望的时代。"

《道德情操论》正是斯密拿出勇气、自主思考的成果。斯密说："所有的科学在不同程度上都与人类天性相关，这一点毋庸置疑。"他的一切思考都是从对人性的认识开始的。对斯密的这种认知出发点，他的同时代的启蒙哲人们都有非常高的评价。我以伯克对斯密的评价为例。埃德蒙·伯克（1729—1797）这位以冷峻著称、最早质疑法国大革命的思想家，对《道德情操论》好评有加。在读到第一版不久，伯克就写信给斯密："在您之前，那些同样讨论这个主题的作家们，就像哥特式建筑设计师，喜欢用纤细的柱子撑起巨大的拱顶。而您的理论，建立在亘古不变的人类天性基础之上，必将永垂不朽。"同样的好评，还来自德国和法国。德国的康德感叹："德国哪里有人能写出如此精彩的道德理论文章？"法国的伏尔泰（1694—1778）惊呼："我国无人能与之相比，我为亲爱的同胞们感到羞愧。"

在去除遮蔽的光亮下，斯密选择了什么样的角度来看人？斯密看到了人的什么？

斯密把人从天上和地狱拉回到地上，把人从讴歌和谴责的对象变成观察的对象。斯密发现，人的追求与幸福，都是通过情感体验而存在的。情感，即人对需求满足的体验，既是人的全部活动的起点，又是人的全部活动的终点。人的行动，起于有情感需求，终于情感需求的满足。对二者的体验，就是全部情感的内容。比如，人有对荣誉的需求。当通过努力而取得成就后，人即沉浸在对荣誉感的体验中。情感的种类、特点、形成原因等，是斯密早期研究的主要内容。

我把斯密等苏格兰启蒙思想家们的开创性贡献概括为三句话：正视情感，认识情感，最大可能地满足情感。这是苏格兰人对以人为本理念的一种诠释。据考证，"以人为本"是英国诗人亚历山大·蒲柏（1688—1744）最先提出的。这一观念从英国走向欧洲，从欧洲走向世界，左右了人类文明的发展走向。但是，各个时代、各个民族，乃至每个人都有自己对"以人为本"理念的不同理解。苏格兰哲人们提出的，是以人的情感需求为本的理解方案。

斯密是一个细心且坦诚的观察家。他发现："说服他人的欲望，似乎是所有自然欲望中最强烈的一种。"

他发现："毫无疑问，每个人生来首先和主要关心自己。而且，因为他比任何其他人都更适合关心自己，所以他如果这样做的话，是恰当和正确的。"

他发现："财富与地位为人们带来了愉快，值得人们为获得它们而付出辛苦的劳动。"

他发现："与其说仁慈是社会存在的基础，不如说正义是这种基础。即使没有仁慈之心，社会也可以存在于一种不很令人愉快的状态之中，但是，不正义行为的盛行却肯定会彻底毁掉它。"

再往前走一步，就是斯密最重要、最独特的贡献：同情共感理论。日后以市场经济理论著称的斯密，在观察人时，总是把人放在人际、社会这个大背景下。人的情感离不开人际交往，离不开社会这个大市场。人之所以能从自爱走向爱他，能从个体走向共同体，能从自给自足走向市场交换，其根本原因，在斯密看来，是因为人有同情共感的本性。同情共感是一种天生的认知机能和情感机能，即人可以理解、感受到他人的情感世界。尽管他人完全独立于自己，就像完全独立于人的一棵树一样，但是，因为都是人，人与人之间，又有同情共感本能，所以人可以通过对自己情感的体验而想象到、感悟到他人的情感世界。这就是所谓的"人同此心，心同此理"现象，所谓人类社会的"同理心"现象，斯密称之为"伟大的社会黏合剂"。

这是斯密《道德情操论》一书全部讨论的逻辑起点。仁慈、大度、责任、荣誉、正义等道德情感的存在，全源于人的同情共感。在斯密笔下，道德规范不再具有神秘性。任何道德规范都不是天启天意，不是不可认知或不可置疑的律令，不是永恒不变的教条。由于同情共感机能的存在，人们意识到，个人需求的满足与他人需求的满足处于共存共荣状态。为了共同的利益，人们逐渐形成和认同了各种道德规范。

在斯密的笔下，情感（sentiments）和同情共感（sympathy）两个核心词，表达的是人的本性和机能，是一种客观存在，没有褒贬色彩。翻译时，"情感"译为"情操"，"同情共感"译为"同情"，多多少少有了褒扬色彩。斯密指出："这种情感同人性中所有其他的原始感情一样，绝不只是品行高尚的人才具备。"

斯密思想的启蒙意义是多方面的。我这里谈几点。

第一，同情共感作为感知他人、理解他人的方式，有着重要的认知功能。一谈到认知能力，人们一般都会想到思维能力。其实，人的感受力是一切认识活动的基础。而感知他人情感世界的前提是自己情感世界的丰富。当一个人的感情世界十分贫乏、感受力十分迟钝时，就谈不上对他人的同情共感。因此，如果希望同情心真正成为社会的黏合剂，首要的问题不在于对他人示爱与施爱，而在于每一个人自己的人性丰富程度，即每个人自身的情感需求深度与情感体验水平。一个人先拥有了这种情感，才可能将这种情感移情至别人，才有所谓同情。这是全部仁爱的基础。再说得通俗一点，爱他人的前提是自爱，包括自强和自尊。一个连对自己都不负责任的人，连自己的事情都做不好的人，谈何爱他人！如果可以这样理解问题的话，斯密的同情理论对教育有着重要的启示。如何激活和培养学生的情感需求，如何丰富学生的情感世界，如何提高学生的感受力水平，是重中之重的教育任务。

第二，如何把同情共感机能发展为一种社会的和谐机制，用同情共感这只"看不见的手"来加强、协调人们的伦理关系，使人与人之间有更多的友爱与和谐。除了战争、灾害、突发事件等非正常状态下的非正常要求以外，现代社会对人际关系的理解和追求，与农业文明有所不同。如上文所讲，同情共感的前提与基础，首先是完善每一个个体。因此，基于同情共感的仁爱、友善、慷慨等美德，是有条件的。我称之为有条件的爱。

爱的条件体现在多方面。其一，爱的行为必须基于同情共感，即自觉自愿的同情。强权、强迫、舆论左右下的爱，是虚假的德行。

爱丁堡皇家英里大道上的亚当·斯密雕像。

这是位于爱丁堡皇家英里大道上的亚当·斯密雕像。斯密雕像的右侧不远，就是休谟雕像。这里距离爱丁堡城堡很近，是皇家英里大道的繁华地带。看得出，爱丁堡人选择了最主要街道的最主要位置来纪念两位最伟大的思想家。

这种所谓的德行既不人道，且后患无穷。其二，爱必须以尊重被爱者为前提。居高临下的爱，施舍性的爱，有损他人尊严的爱，限制他人发展机会的爱，都属于专横性的爱。这种所谓的爱随时都可能转化为更可怕的恶。其三，爱的前提是正义，先守住规则底线才可去施爱。如果施爱行为触碰了规则底线，或者施爱者的仁爱热情很高而正义意识很低，那么，这种爱为他人和社会所带来的，很可能是弊多利少。

第三，如何使同情共感机能转化为"互惠互利"的社会合作机制，让这只"看不见的手"在经济领域中发挥更大的作用。最早将同情共感观念应用到经济领域中的人，就是斯密自己。《道德情操论》出版以后，斯密开始了另一个问题的思考和另一本书的写作。斯密为此耗费了后半生几乎所有的精力和智慧。也正是对这个问题的答案的寻找，成就了斯密作为经济学家的人生。

《道德情操论》之旅，只能就此结束。

## 私人教师

从格拉斯哥到爱丁堡，现在的车程仅仅一个多小时，斯密当年坐马车大概需要一天的时间。这两座城市，从斯密时代至今，都是苏格兰最重要的城市，各有特色，优势互补，也不排除有时暗暗较劲，各不服气。这是各地的"双子座"城市都逃不过的关系。斯密一生主要生活在这两座城市。写作《道德情操论》的十多年里，斯密算是一个格拉斯哥人。晚年斯密定居爱丁堡，在那里生活了十多年，直至生命的结束。

我在这两个城市旅游时，试图寻找一个答案：潜心思考基本人性的斯密，是怎样转向思考经济问题的？须知，二者的跨度是很大的。而且，斯密一生没有亲自参与过商业、制造业等真正的经济活动，晚年虽然有一段做税务官的经历，但那个时候，他的经济学著作《国富论》早已写出。除了思想家的天赋以外，我还是把原因归在独立思考、从容观察、自由探究这些大学的出现、职业思想家的出现等现代性因素上。

事实上，在斯密时代的苏格兰、英格兰以及欧洲各国，工业化、城市化、市场化等充满现代性的发展势头已经开始显露。对斯密这样敏锐的观察者而言，所到之处、所见之事，都有实验室或标本的价值。也正是这个时候，命运给了斯密机会，让他能走出校园，走进欧洲社会这个实验室。《道德情操论》出版后的第四年，40岁的斯密接到了邀请：以私人教师的身份，陪同一位富有的公爵去欧洲旅游，历时三年。斯密欣然接受，因为他早已有游历欧洲的想法。

这次欧洲之旅，对斯密新思想的形成有着重要意义。斯密在旅行途中就写信告诉友人："我已经开始写一本新书。"三年时间里，斯密去了法国的许多城市，包括波尔多，这是他父亲喜欢的一个地方。还去了瑞士的日内瓦等地。逗留时间最长的是巴黎，还有伦敦的大英博物馆。作为格拉斯哥大学的著名教授、《道德情操论》的作者，斯密一路上见了许多他想见也该见的人物，包括思想界泰斗伏尔泰，百科全书派领袖狄德罗，经济学家魁奈、杜尔哥，等等。除了大英博物馆的资料以外，斯密用心阅读的，是欧洲社会这本书。劳动分工、市场变化、商业、交通等，都是斯密关注的问题。

三年私人教师生涯带给斯密的，是物质和精神的双丰收。伯爵赠予斯密不小的一笔钱，足以保障斯密后半生可以衣食无忧地从事研究。私人教师生活结束后，斯密带着满满的收获回到老家柯科迪。在这里，他闭门谢客，潜心著书，历时十年。1776年，即斯密53岁时，《国民财富的性质和原因研究》（也译作《国富论》）正式出版。这就是前文提到的斯密所著的两本书的另一本。柯科迪人至今引以为傲的一件事就是，柯科迪是《国富论》的诞生地。我在柯科迪镇子上好不容易才找到斯密的老宅。老宅附近没有斯密雕塑或标语口号一类的宣传，只在老宅的外墙上，看到一幅方形标志，上面刻着这样的文字：斯密于1767—1776年间，在这里完成了他的《国富论》。

无论怎么赞扬《国富论》的意义都不算过分。我这里引两则有代表性的评价：

苏格兰哲学家亚当·弗格森（1723—1816）说："1776年世界上发生了一件小事和一件大事。小事是北美独立战争的爆发，大事则是经济学家亚当·斯密《国富论》的出版。"弗格森是斯密的好友、爱丁堡大学教授。他讲这句话时，《国富论》刚刚问世。在他眼里，美国独立战争是小事，《国富论》的出版才是大事。以后二百多年里世界市场经济发展的事实证明，弗格森的话是有道理的。

英国经济学家约翰·梅纳德·凯恩斯（1883—1946）说："至少三百年内，在市场经济生活中，人类不会有人像爱因斯坦推翻牛顿力学那样，推翻亚当·斯密的《国富论》。"凯恩斯是诺贝尔经济学奖得主，公认的20世纪最有影响力的经济学家。他对斯密影响力的预测，也就是对市场经济生命力的预测。

我所关注的问题，依然是《国富论》一书的启蒙意义。具体来说，这部著作的现代性体现在哪里？它为人类现代化事业的推进做出了哪些贡献？斯密经济学思想在经济领域以外的普遍意义是什么？

第一，国家富强、国民富裕，或者说，财富问题，开始成为主流话题，走入文明的视野。斯密等同时代的思想家们，开启了人类文明的一个全新的追求：如何提升国民的财富与生活水平。这个话题在现代之前，很难进入主流文化范畴。现代之前的文化，不论是宗教性的，还是世俗性的，关注点大多在以下的问题：一是对人与社会的非此即彼的二元判断——善与恶、天堂与地狱、仁慈与自私，二是对此现象的旗帜鲜明的扬抑褒贬，三是无所不在的教导与规范。主流和经典文献中，很少能看到有关增加国民财富、提高国民生活水平的讨论，甚至，财富是猥琐性话题，不能登大雅之堂。休谟曾说过，他所处的时代之前，商业从未被认为是国家事务。而现代化恰恰是建立在财富基础之上的。没有财富的积累与增长，就无从谈现代化。

在财富之路的选择上，现代与前现代也有性质的不同。依靠战争等野蛮方式而掠夺土地、财产等，是现代以前的家常便饭。国家忙于内外战争，社会缺乏基本的安全保障。从国家到城市，从村落到家庭，人们忙于修筑城墙、围墙、院墙，或者是大大小小的城堡。稍有历史常识的人都知道，现代国家出现之前，一个国家的国界线，总是随着这个国家掠夺能力的大小而不断地变化着。财富更多情况下不是靠创造，而是靠强取。国家的有限财富，不是为了民生，而是为了权力的巩固，或者是为了宗教性的来世生活。每每看到古代的宫殿、陵墓、庙宇、城堡等奢华无比的大型工程时，我常常想到的是，在生产力极其有限的年代，建造这些工程的代价是什么？可能是无数百姓的贫穷困苦。

在漫长的农业时代，国民生活总停留、徘徊在能够繁衍、生存的最低水准上。主流价值多数是道德说教，如忠君爱国、战死沙场、克制欲望、修炼德性等。几乎所有的前现代文明，都竭力用勤劳和节俭一类的观念，取得人们对低水平生活的认同。千百年来，人们不知道"进步"这个概念，更没有对进步的追求。正是启蒙思想的出现，才结束了前现代的历史。以斯密为代表，经济问题、财富问题提上了文明的议事日程，成为现代国家、现代人堂堂正正的追求目标，也成为国家安全、个人幸福的坚实基础。

第二，每个人都试图改善自己境遇的努力，这种最基本的人性需求和最重要的进步力量，开始受到正视与尊重。斯密使用"自爱"一词，表达人努力改善自己境遇的本性。在斯密看来，试图改变自己的境遇，是人的本性，是活生生的事实。如果一个人不自爱，就无从谈自强自尊，那将是人类最大的灾难。按照后来达尔文生物演化理论，没有自爱，也就不可能有包括人类在内的任何物种的存续。因此，对这种本性的或褒或贬都无济于事。人能做的，就是承认这个事实。

再者，"每个人生来首先和主要关心自己，因为他比任何其他人都更适合关心自己"，斯密的结论是："所以，他如果这样做的话，是恰当的和正确的。"斯密的这一看上去不很高大上的思想，恰恰揭示了人与社会发展的实质。关心自己，是人的基本权利，更是人的基本责任。在合法合理的前提下为自己争取利益，既是天经地义的，也是责无旁贷的。一个连自己的事情都做不好的人，很可能给社会带来麻烦。从另一个角度看，自爱是爱他的基础。仁爱行为必须以尊重他人的个性、选择、权利为前提，否则，爱随时都有变质变味的可能。

最重要的是斯密看到了自爱的社会意义。"每个人试图改善自己境遇的自然努力，是非常强大的力量，以至于单靠这个原理，也能使社会富裕繁荣。"斯密反复讲道，许许多多为他人提供服务的行为，其真正的动机，是服务者改善自己境遇的努力。斯密说："我们每天所需要的食品和饮料，不是出自屠夫、酿酒家或面包师的恩惠，而是出于他们自利的打算。"推而广之，斯密说：追求财富与地位的天性，"不断地唤起和保护人类勤劳的动机。促使人类耕种土地，建造房屋，创立城市和国家，在所有的科学和艺术领域中有所发现，有所进步"。斯密还说：正是在这只"看不见的手"的指引下，"富人在并非本意和不知不觉的情况下，增进了社会的整体利益，并为人类的繁衍和致富提供了途径"。

斯密在这个层面上指出和肯定了商业文明的进步机制：从真的人性开始，必然走向善的社会后果。后世学者们把这种现象称为"无意图后果"。从真出发，可以走向善；而从善出发，不一定能走向真。只有建立在真之基础上的文明，才会走得更稳、更远，才可能收获更多的善。除了上文提到的战争、灾难、突发事件等非正常状态以外，一个社会应该少些急功近利，多些返璞归真。人们应该尽可能有耐心地等待和收获更多的"无意图后果"。这个观点在本书的几个章节里都会出现。

第三，基于互惠互利的交换、交流，是现代社会所以更人性和更繁荣的最大秘密。像他的精神导师牛顿一样，斯密的观察不是仅仅停留在对某个人性现象的孤立描述，如自爱；他在探寻由自爱等人性元素所构成的"运行定律""函数关系"，即基于自然法则的社会结构和社会运行规则，他形象地称之为"看不见的手"。从此，斯密从人性研究走向了社会研究，从伦理领域走向了经济领域与法律领域。

这种研究转向的结果就是自由市场经济理论的建立。斯密的朋友瓦特在研发一种机制，让这种机制保障机器的持续运转；斯密也在研发一种机制，让这种机制保障经济的持续运转。一个"发明了"蒸汽动力，一个"发明了"自由市场。斯密说："互通有无、相互交易，是为人类所共有和特有的一种普遍现象。""每一个人都靠交换来生活，在某种程度上，每一个人都是商人。这样的社会，就是商业社会。"

市场不是苏格兰人的首创。有人类就有了交换，也就有了市场。就交换而言，阿拉伯人所做的，或许不比苏格兰人差。斯密思想的核心在自由，以及保障自由交换的市场规则体系，即自由市场。法国启蒙思想家们在争取政治自由的时候，苏格兰的思想家们在思考着经济自由。斯密的以下一段话，是历代自由经济思想家的金科玉律：

要想将一个国家从最低级的野蛮状态，提高到最大程度的富裕状态，所需要的无非是和平、轻税以及一个过得去的司法体系。所有剩下的可以交给事物自然的发展进程来实现。所有试图阻挠这一自然进程、迫使其进入另一轨道，或致力于让社会的进步止步于某一点的政府，都是不遵循自然规律。

从前现代走过来的国家，无一不是强政府型的国家。而强政府必然要走向救世主心态的规划经济、指挥经济、干预经济，即所谓的"计划经济"。所有这样的政府，迟早都将走上斯密所开创的市场经济道路。

我坚信，市场理论的意义远远超出了经济领域，适应于现代社会的许多方面。斯密"统义"一词表达市场和交换的普遍意义。他说："请给我以我所要的东西吧，同时，你也可以获得你所要的东西。这句话是交易的统义。"交换、交流是人的本性。这种本性既是个性发展的原因，也是个性发展的结果。充分的交换与充分的个性，是一个问题的两个方面。斯密以后的几百年里，我们清楚地看到，越来越细的分工，出现在学术、产业、贸易等人类文明的各个方面。分工所催生的，是无所不在的交换、交流。学生在交换交流，学者在交换交流，学术观点在交换交流；从传统媒体到现代媒体，能看到人们交换交流欲望的高涨与强烈；越是进步，人们的参与欲、表达欲就越是旺盛，于是有了数不清的组织、协会、社团。学会组团、学会参与、学会表达、学会共享，成了现代人的基本素养。

## 爱丁堡税务官

《国富论》出版以后，隐居十年的斯密再次走入公众视野。受他的学生推荐，斯密出任了爱丁堡海关官员。从此他移居爱丁堡，在那里度过了他生命中的最后12年。斯密这个时候的研究兴趣，已经转向美学、文学等领域。他曾表示要写一部有关诗歌研究的著作。或许是海关官员的忙乱生活影响了他这个愿望的实现。

大名鼎鼎的经济学家，来做一件很具体的经济事务工作，是一件很有意思的事。斯密从小看着柯科迪码头的繁忙景象长大，他父亲也曾在柯科迪做过海关工作。他或许对这份工作还感兴趣。在参与海关相关政策的制定过程中，斯密一方面尽职尽责，另一方面也在重新审视、修改着自己的经济理论。斯密深深认同这种区别："哲学家有特权以几何般的精确来制作自己的草图；但工程师为了克服摩擦和阻力所带来的不规则性，必须经常牺牲机器的对称性和简单性。"

晚年斯密的生活，更充分地体现了他的天性：谦顺，严谨，和蔼，善良。他的理论一再强调正义的重要性，而他本人一生善良忠厚，慷慨大度。我把这种现象称之为"斯密现象"。有关这个话题的讨论，我放在了本书的"休谟之旅"部分。据斯密的朋友讲，斯密晚年将他的大部分储蓄都悄悄捐给了一个慈善机构；他在为他爱过的这个世界献上最后的也是最真诚的爱。在去世的前几天，当他意识到生命快要终结的时候，他要求身边的人把他所有未正式发表的手稿全部烧掉，其中就有关于诗歌研究的手稿。他的严谨可见一斑。

亚当·斯密故居。

　　这是位于爱丁堡皇家英里大道北侧的潘缪尔楼,亚当·斯密晚年定居于此。这里将改建为亚当·斯密研究中心。建筑物后面隐隐约约可以看见卡尔顿山上的斯图尔特纪念亭。这一带是晚年斯密与休谟经常散步的地方。

传记中的有趣内容，常常是主人公的爱情与婚姻故事。然而斯密会让读者失望的：斯密一生未娶。据说斯密年轻时曾爱过一位美丽且优秀的姑娘，不知什么原因，二人未能结合，二人也都终身不婚。当年在欧洲旅行时，为这位享誉全球的思想家销魂的女性不在少数。斯密最后选择的是和他的终生好友休谟一样的单身生活。

斯密逝世于1790年7月，年仅67岁。斯密逝世四年以后，他的生前好友、苏格兰启蒙运动的重要成员、爱丁堡大学教授杜格尔德·斯图尔特（1753—1828）撰写和出版了世界第一部斯密传记《亚当·斯密的生平和著作》。这位自称"讨厌传记"的哲学家，对斯密做了诗一般的评价：

> 由于他有使自己成为非凡人物的天赋和学识，
> 由于他的观点的创造性和广泛性，
> 由于他的知识的渊博、丰富和正确，
> 由于他的无穷无尽的创造力，
> 由于他那从古典文化所汲取的优美的想象力，
> 他给后人留下了一座永不磨灭的纪念碑！

斯密的离世是一个标志，意味着一场运动的结束和一个时代的开始：启蒙运动的结束，现代社会的开始。启蒙时期的巨星先后陨落。休谟早斯密14年去世，狄德罗早斯密16年去世，伏尔泰早斯密12年去世，富兰克林与斯密同年去世，罗伯特·亚当晚斯密2年去世，彭斯晚斯密6年去世，康德晚斯密14年去世，瓦特晚斯密29年去世。

缔造现代世界的先哲们完成了他们的启蒙事业，未尽之业该是后继者们的事了。如果先哲们在天有灵，他们会为过去二百多年来人类的现代化进程而感到欣慰。从英国、荷兰乃至整个欧洲到北美和南美洲，再到亚洲以及非洲，现代化奇迹般地成为全世界的话题和走向。现代化、现代文明肯定不是人类进步的终点，或许有一天，就像它当年取代前现代社会那样，会被另一种更为先进的文明所取代。在这个想象中的文明到来之前，我们应该做的，依然是回望现代化的起点，理解启蒙先哲们并未过时的思想。

苏格兰给我的印象是，这里处处都有斯密思想的影子。整个苏格兰，可以看作是一个硕大的博物馆：人类现代化事业博物馆。我在格拉斯哥大学校园散步时，远远就看到高高的亚当·斯密大楼。陪同散步的该校教师王雨先生谈到，格拉斯哥大学的一些教授对这栋楼很有争议，因为它是为吸引、满足发展中国家留学生而建，经济动机大于学术动机。一些教授曾为此而游行过。可以看出，大学与学者永远在扮演着观察者、批判者的角色，就像斯密所做的那样，永远在追求几何般的精确。

格拉斯哥和爱丁堡两座城市，至今依然不失斯密当年喜欢的那种风格：从容，宁静，优雅。曾经孕育苏格兰启蒙思想的创造力，也随处可见，爱丁堡国际艺术节的持久而强大的活力就是一个例证。从1947年至今，爱丁堡国际艺术节越办越大，越办越好。思克莱德大学的大卫教授谈到，格拉斯哥的经济已经成功转型，当年的制造业之都正在发展为金融、创意之都。

我想，苏格兰创新活力的源泉之一，大概就是对一种事实的尊重和保护,这个事实就是斯密所言:"每个人都有试图改善自己境遇的努力。"

斯密之旅,收获很大,遗憾也不少。斯密在爱丁堡生活期间的故居潘缪尔楼,位于皇家英里大街靠近荷里路德宫不远的一个胡同内。这个建筑一度被一个研究机构占用。据说,在2008年,市政府就形成决议,修复潘缪尔楼,保护斯密生前的最后故居,同时组建一个斯密研究中心。从做决议到今天已经十多年过去了。那天,我安排了一个上午的时间,满怀期待地去参观潘缪尔楼。一位耐心的路人带我走了几个胡同,好不容易找到了这个建筑。结果是,潘缪尔楼和斯密一样的低调,爱丁堡人和斯密一样的从容,斯密研究中心仍然在筹建过程中。隔着玻璃,我看到一个房间里陈列着各种版式的书,估计是不同时期的斯密著作。

但愿有下一次的苏格兰之旅。

# 八　休谟之旅

去过爱丁堡的人都知道，到爱丁堡旅游，皇家英里大道是必去之地；游皇家英里大道，在休谟雕像前拍照是必做之事；在休谟雕像前拍照时，摸摸休谟的脚是必有之举。休谟雕像最吸引游客眼球的就是他的那只闪闪发亮的右脚趾。摸过这只脚趾的人不计其数，游人出于好玩，也似乎相信，摸了休谟的脚会使自己变得更聪明，原因是休谟最有智慧。

我的苏格兰之旅，想触摸的，除了休谟那只脚，还有休谟的人生与思想，还有休谟对今日苏格兰的影响。

## 感受商业文明

商业文明是休谟关注和研究的重要话题。我虽然没有经商的经历，但一直以来很留意商业文明的话题，很想能说清楚什么叫商业文明。我生长在农村，经历了我国从农业文明到商业文明的大变迁，也经历了从自然经济和计划经济到市场经济的大变迁。正因为有幸跨越了两个时代与两种生活，我在读休谟的相关文字时，感受更敏锐些，兴趣更浓厚些。原因很简单，我所经历的是我国的大变迁，休谟所经历的是英国的大变迁。当然，英国开商业文明先河，比我国早了二百多年。

休谟的商业文明思想是否影响了今日苏格兰人的现实生活？与苏格兰相比，今天的中国是否进入到了成熟的商业文明时代？在苏格兰旅行期间，我总自觉不自觉地做着这种观察和对比。

先谈谈这次旅行中的一次学术交流。

和格拉斯哥大学贝里教授的交流给我留下了深刻印象。

贝里先生是苏格兰启蒙运动研究专家，在我国学术界很有知名度。他的《苏格兰启蒙运动中的商业社会观念》《大卫·休谟》等著作都有中文译本。我在阅读贝里先生的著述时就希望有机会能拜见贝里先生。很感谢浙江大学张正萍教授帮忙提供了联系办法，我很快联系上了贝里先生，并约好了在格拉斯哥见面。

那天上午10点，我和为我做翻译的华伟老师准时到了约见地点：格拉斯哥大学亚当·斯密大楼的咖啡厅。华伟老师是南京师范大学的教师，正在苏格兰的思克莱德大学做访问学者。贝里先生准时出现在咖啡厅门口。他身材偏高偏瘦，一身正装，面带谦逊和善的笑容。简短的寒暄以后，我们开始了很流畅的交流。话题围绕苏格兰启蒙运动，如苏格兰启蒙运动时的俱乐部现象，启蒙运动对当时苏格兰社会的影响，商业文明在现代文明中的地位，休谟认识问题的方法，等等。交流持续了两个多小时，基本上都是我提问题，贝里先生回答和阐释。交流结束后，我们在附近的一家饭店共进午餐，我爱人和贝里夫人也一同用餐。席间，除了互送礼品外，交流的主角是两位夫人。

这次交流活动的印象和感受，与这次旅游期间苏格兰给我的印象和感受完全一致。这是一次典型的所谓陌生人之间的交往。作为国际知名学者，贝里先生没有在意我的身份。对学术的真诚和对他人的信任，贯穿了我们交流的全过程。这是现代社会的常态。在一个成熟的现代社会，促进和影响人与人交往的主要因素是彼此间的需求、兴趣与合作，地位、关系、亲疏等因素处于次要地位。人与人之间的真诚与信任，成了社会最大的黏合剂。学者们把农业社会称为熟人社会，因为这种社会以相对稳定的村落、家族、亲戚、朋友为交往圈，以地位、亲情、友情为交往的原则与纽带。

在现代社会里，人们的交往充满了变化和不确定性，学者们称之为陌生人社会。亚当·斯密认为，英国可能是最早形成"陌生人社会"的国家。一位叫詹姆斯·弗农的学者写过一本书《远方的陌生人——英国是如何成为现代国家的》。书中作者认为，繁荣的商业带来人的大流动，流动形成了陌生人社会，大量陌生人的交流，带来了更多和更个性的信息与智慧，也促进了人与人之间的诚信。这就是商业社会所以更进步、更文明的原因。

与贝里教授的交流，也给了我一次近距离感受英国绅士的机会。商业社会以来，传统贵族少了，现代绅士多了。苏格兰尤其是这样。这里大学密集，学者众多，人们的教养水平普遍很高。从我们的学

爱丁堡皇家英里大道上的休谟雕像。

　　这是爱丁堡皇家英里大道上的休谟雕像。在城市或乡村，人们选择最重要或最醒目的地方，用最能体现人物个性与风貌的雕像，来纪念最敬重的人物，这是欧洲的文化传统。这种传统体现了人的尊严和对人的尊重。

术交流到共进午餐，贝里教授的谦逊、友好、得体、优雅，给我留下愉快的印象。他思维严谨，表达谨慎，谈话间总在很认真地选择更恰当的词汇。当我问到诗人彭斯是否属于苏格兰启蒙运动的领袖人物时，他略有停顿，然后说道，司格特的贡献应该更大一些。当我问到今天的苏格兰中小学生是否熟悉启蒙运动这段历史时，他摇摇头说，这是很遗憾的事。

在贝里教授的身上，我看到了休谟的影子。

休谟的学术成就和对后世的影响，毫无疑问在伟大思想家之列。但是，休谟的气质与性格，更像一个和蔼、幽默的邻家大叔，抑或一个文笔流畅的散文作家。他出身名门，父母亲的家族都是伯爵。但是，由于父亲早逝，他又不是长子，因此没有得到多少遗产。成人以后的休谟只能以写作为生，自食其力。休谟在自传中这样评价他自己："我的为人，和平而能自治，坦白而又和蔼，愉快而善与人亲昵，最不易发生仇恨，一切感情都十分中和。"从他的生平看，这个自我评价是很贴切的。

亚当·斯密曾讲过休谟的一个小故事，从这个故事中能看出休谟的生活状况和性格特点。休谟年轻时经济很拮据，日子过得很节俭。休谟常到一家饭店吃饭，他实在没钱付小费，但服务员们还是很喜欢他。原因是他总讲笑话，能把服务员们逗得哈哈大笑。休谟自己给朋友讲过一段他的故事：一天夜里，休谟独自行走时不慎掉进了一个泥潭里，无法爬出。一个老太太听到呼救时急忙走了过来。等认出这个人就是那个鼓吹无神论的休谟时，老太太一脸不悦，拒绝施救。休谟见状，只好使用他的智慧了："你信仰基督，基督不是教人行善吗?"老太太感觉理亏,但还是要难为一把休谟:"你若能背一段经文,我就救你。"这当然难不住富有智慧的休谟了。于是老太太遵守诺言,救出了休谟。

这些零零散散的趣事,勾画出了一个生活于商业文明时代、出入于市民生活圈的大思想家形象。在爱丁堡皇家英里大道的最热闹处,塑有休谟雕像。休谟身披古罗马式斗篷,赤脚坐在椅子上,两腿很随意地向前伸出,右手握着一本书,神情自若,若有所思。游客喜爱这位和蔼可亲的思想家,尤其是他的那只据说可以使人更聪明的右脚趾。我觉得这尊雕像抓住了休谟的性格特点:平和与智慧的完满结合。

休谟的智慧之一,体现在休谟对商业文明的诠释。

苏格兰启蒙思想家们的一个重要贡献,是明确提出商业社会、商业文明、商业精神等概念。他们把农业社会以后的社会称之为商业社会。他们认为,商业才是新社会的本质所在。告别农业社会以后,人类将进入一个全新的时代:分工越来越细,行业的专业化程度越来越高,于是,交往、交流、交换的需求就越来越大。人们依据互惠互利的原则,逐步形成契约性的规则体系,以确保人们交往、交流、交换的自主、诚信、公正、有序。市场因而应运而生。市场的活跃,一方面满足、激活和丰富了消费者的需求,另一方面也激活了生产者的热情。市场越是自由和规范,参与交往、交流、交换的人越是能在规则前提下做自主、公正的选择或决策;那么,这个社会就越是充满活力,产品的品种就更多,质量就更高,人们的需求也会更丰富、更精致。人们在市场的规则中尝到甜头,于是变得更诚信、更懂规矩，社会变得更公平、正义。这就是商业社会。

这个话题大到可以囊括大学的许多学院和专业，可以写一部包罗万象的百科全书。我这里扫描式地介绍休谟以及那个时期苏格兰思想家们的一些具有普遍意义的思想。

现代与前现代。现代化一词因使用频率过高而使得人们反而较少去关注它的内涵了。比如，什么叫现代化？什么叫现代？现代化是从什么时候、哪些国家开始的？为什么要实现现代化？现代化能为国家带来什么？能为公众带来什么？用现代化的标准衡量，我们已经做了什么？还需要做什么？等等。这些问题看似宏大，实际上和你我的职业、生活都有关联。

苏格兰启蒙运动的哲人们是最早提出和讨论现代化的先驱者之一。他们提出一种新颖的人类发展分期理论，这种理论与我们所熟悉的阶级分期理论有所不同。18世纪之前，人类经历了狩猎、游牧、农业三个时代；18世纪开始，人类进入了一个新时代：商业时代。他们所处的时代，一方面在告别农业时代，一方面又在开启商业时代。思想家们认为，只有商业时代才真正称得上文明。这个时代也叫现代。由于现代有许多与以往三个阶段的本质性区别，思想家们更习惯把人类社会分为现代和前现代两个阶段。

现代的构成元素很多，其中最重要的元素就是商业，用今天的话讲，就是市场经济。市场经济与其他现代元素构成了一个互为因果、缺一不可的社会系统，如工业化、城市化、法治化、民主化、科技革命、教育普及等。但是，在苏格兰哲人看来，基于分工、交换、契约、规则、竞争、创新的市场基因与商业文明，才是现代的基础。这是苏格兰启蒙运动的独特之处。法国的伏尔泰们看重的是以民主政治为代表的政治现代化,德国的康德们看重的是以精神为本的思想现代化,英国的休谟们看重的是以市场经济为代表的经济现代化。

商业文明。从农业时代走过来的人,看到"商业文明"字样时,多少会有些诧异:商业就是赚钱,为了赚钱可以不择手段,谈何文明?扎根于农业形态的文化,骨子里是排斥商业的。每次在山西的晋商大院参观时,我能感受到那个时代成功的商业精英们在价值观上的两难与挣扎。在博大精深、严严实实的农业文化中经商,其精神上的痛苦甚至超过了经营上的艰辛。这个问题至今还没有真正解决。在今天的中国,商业无处不在,但商业文化与商业文明并没有真正形成。许多情况下,人们用农业文明的标准看待或批评商业行为。这个过渡期不能太长。如果没有与市场经济相匹配的商业文化,如果商业文化不能升华为商业文明,市场经济随时都有逆转的可能。

休谟的令人佩服之处,是他一生没有经商办企业的任何经历,在大学也没有学过相关的课程,他的父亲、母亲两个家族也都是贵族,但他却谙熟商业。他写过《论货币》《论利息》《论贸易平衡》《论赋税》等非常专业的经济学论文。他的许多经济学思想都为亚当·斯密认同或采纳。

休谟认为,商业激活了所有人的进取心。"商业促进勤劳,把这种精神带给每个社会成员。"在商业时代,"各行各业朝气蓬勃,干劲十足。商人更加雄心勃勃、力图进取,制造业者更加兢兢业业、精益求精,连农民护犁也手脚轻捷、格外用心了"。

休谟认为，商业促进了人们的交往与人们的修养。勤劳带来了财富的增长与闲暇的增加，也带来了各种形式的社会交往。"到处都成立了各种社团和俱乐部，男士们和女士们济济一堂，无拘无束，怡然自得。人们的性格和举止立刻变得温文尔雅起来。"

休谟认为，贸易促进了国家之间的经济发展与和平共处。"任何国家的商业发展与财富增长，非但无损于而且有助于所有邻国的商业发展和财富增长。因此，我直言不讳地承认，我要为德国、西班牙、意大利甚至法国的商业繁荣而祈祷。"

休谟的观点，代表了启蒙时代许多思想家的基本信念：成熟的商业，或称市场经济，是人类社会的一次进步、一种文明。

我在这里选几段其他思想家的有代表性的观点：

亚当·斯密谈道："当较大一部分人是商人时，他们总是将诚实和守时的品德带入时尚，以至于这些特征成为商业社会的主要品德。"

曾任爱丁堡大学校长、自称是休谟追随者的历史学家威廉·罗伯逊（1721—1793）谈道："商业贸易能够消弭国家之间的偏见，软化人们交往的态度。彼此共同的利益需求，是最强大的纽带之一，人们为了满足欲望而联合在一起。商业促使每个国家确立一种公民社会的秩序，守护公共的安宁，从而带给人们和平。商业精神一旦赢得优势，就能促进社会发展。"

孟德斯鸠说："哪里有善良的风俗，那里就有商业；哪里有商业，那里就有善良的风俗。这几乎是一条普遍的规律。"

我不知道读者是否认同这些观点，我也很难说今天苏格兰良好爱丁堡民众博物馆。

　　这是爱丁堡民众博物馆的展品,反映18世纪早期爱丁堡工匠的工作状况。我小时候见过许多这样的场景,这应该是手工业时代的常态。现代化带来的重要福祉之一,是劳动者的劳动条件、劳动环境、劳动强度的巨大改变。文雅文化从生活过程走向了生产过程。

的社会风气与成熟的市场经济之间有必然联系，但有一点是毋庸置疑的：苏格兰思想家观察和解决问题的角度很有现代性。他们从人性出发，力图通过制度和机制的建设而激发和规范人们向上、向善的进取心，从而提升人们的品德修养，促进社会的和谐有序。

人人都是商人。休谟的一生，某种意义上讲，是卖文为生的一生。虽然出生贵族，但他并没有分得多少遗产。年轻时的休谟，为生活所迫，曾带着推荐信投靠商人。休谟在自传中讲道："几个月后，我就觉得那种生涯完全不适合我。"休谟不得不回到他的最爱：文学。那个时代对文学的理解，与今天有所不同，文学泛指文化，包括哲学、经济、社会、历史等领域的研究与写作。"我那时力求节俭，以维持我的独立生活。"休谟为此选择了去法国乡下隐居写作。令他自豪也令他失望的是，他26岁时就出版了他的最重要的哲学著作《人性论》，然而，"它一刊印出来就是死产，无声无息"。《人性论》一书没有多少销量。

休谟吸取教训，从此没有再写过大部头的纯学术性著作，除《英国史》以外，他以后的著述多是论文集。《英国史》的畅销，才结束了休谟拮据的经济状况。他谈道，因书商给的版税很高，"我不仅获得了经济地位，而且富甲一方"。以上这些材料，均来自休谟自传。出生贵族、驰名欧美的大思想家休谟，能如此坦然地看待自食其力，我认为，与苏格兰人对待商人、商业的态度很有关系。

亚当·斯密在他的《国富论》中明确讲道：人人依靠交换生活。某种程度上，人人都是商人。确切地讲，这个社会本身就变成了一个商业社会。苏格兰启蒙思想家们普遍认为，商业精神不局限于行商坐贾的商人领域；商业精神在某种程度上渗透到了所有阶层中，多多少少熏陶到社会的每个成员。

这样的价值观念，一方面源于英国传统，因为英国有"小业主国家"的称号；另一方面，这是一种认识人性与人生的全新视角。商业文明在看待和处理问题上的一大特点是底线思维、契约思维，这与农业文明的圣人、贤人、伟人思维完全不同。人人应该自食其力，自己对自己负责。在以分工、交换为主的商业社会，生存的唯一渠道就是做对他人和社会都有益的事。只有这样，才能交换，才有收益，才能生存，才有幸福可言；与此同时，社会才有财富与秩序，才能进步。

做有益于他人和社会的事，来自他人和社会的回馈是多样的：有显性的交换，如按劳取酬，也有隐形的交换，如人们的敬重、赞许，还有来自富人的捐赠、政策的支持等。这是广义的交换，它的核心是：你必须做有益于他人和社会的事。

这是解释和解决问题的"苏格兰方案"，也许不那么高大上，不那么温情，因此素有争议，而这正是苏格兰启蒙运动的核心所在。我引用《苏格兰——现代世界文明的起点》一书的结论性观点："苏格兰启蒙运动的伟大洞察力在于，它坚称，人类需要将其自身从神话中解放出来，按照世界真实的样子来看待世界。"我同意这个概括。这个思想会在本书中反复出现。

## 感受文雅文化

现代化的落脚点，是人的现代化。我在苏格兰旅游期间，很想看看这个最早进入现代的地区，人们是怎样生活的。

先谈谈高尔夫球。苏格兰的高尔夫球场之多，令人吃惊。在我去的每一个地方，都看到过让人赏心悦目的高尔夫球场。城市、郊外、乡村无不如此。有人甚至说，苏格兰的高尔夫球场星罗棋布，遍地都是。城市、乡村不过是出现在球场间隔地带的建筑。

我在爱丁堡停留时所住的宾馆旁边，就有一个超大的高尔夫球场。我曾经有过无意间走进一个高尔夫球场，又被无情地赶出来的经历。因此，我第一次试图走进宾馆旁的高尔夫球场时，多少有点忐忑。那是一个早晨，球场上没有比赛，远远看去，有几个人正在练球。场地太大了，可以容纳一个中等规模的大学。我从球场一侧的边上走过去，看到两个铁门，都是虚掩着，可以随便出出进进。一位正在练球的小伙子向我招手致意，才使我敢放开脚步，步入球场。

后来听一位在爱丁堡开出租车的华人朋友讲，他是高尔夫球爱好者，每周都要打高尔夫球。他说，在苏格兰，高尔夫球是一项很大众化的运动，人们可以随便出入球场。我后来看到的资料印证了这位同胞的话：苏格兰超过90%的高尔夫球场由政府建设，属于公共场所，面向所有人开放。

去圣安德鲁斯旅行，我们第一站就选择了这里最著名的景点——老球场。老球场紧靠海滩，一望无际。球场里还保留了一座看上去很有年代的小石桥。资料显示，这个球场建于1552年，是世界上最古老的高尔夫球场。这里也被公认为是高尔夫球的故乡，高尔夫球爱好者的圣地。许多高尔夫球公开赛曾经在这里举办。作为圣安德鲁斯高尔夫球场。

  这是圣安德鲁斯镇上最古老的高尔夫球场，距今有五百多年的历史。运动员已经变化过无数代，草坪已经更换过无数次，而小桥流水依旧。它们静静地守候在这里，见证着历史，传承着文明。

为什么是苏格兰

世界高尔夫球故乡与圣地的另一层意思还在于，这里诞生了世界第一个高尔夫球俱乐部——圣安德鲁斯皇家高尔夫球俱乐部。这个俱乐部和其他高尔夫球俱乐部的不同之处在于，它拥有制定高尔夫球比赛规则的权利。目前世界绝大多数国家都使用这个俱乐部制定的规则。据说，很早以前，这个球场有22条球道，正是在这个俱乐部的建议下，老球场球道由22条改为18条。久而久之，18条球道就成了公认的球场标准。

与老球场一路之隔，就是英国高尔夫球博物馆。博物馆的展品与文字说明，大体满足了像我这样的高尔夫球盲对这项运动的好奇。博物馆资料很客观地讲到，中国古代的捶丸游戏，荷兰早年的一种水上运动，都是高尔夫球的起源。苏格兰的高尔夫球最早记录可以追溯到1457年。到休谟生活的年代，高尔夫球运动已经趋于成熟。19世纪中叶以来，人们的生活水平快速提高，铁路网基本形成，海边度假成为时尚，高尔夫球运动因而逐渐走向了普及。除了男性，面向女性和儿童的比赛也开始出现。

望着一个个高尔夫球场，我在想，在众多的运动项目中，高尔夫球运动有什么样的特殊性？人们为什么总把高尔夫球运动与绅士风度相联系？

首先，高尔夫球的发展水平从一个侧面反映着一个地方的文明水平。除了一般意义上的竞赛、健身以外，高尔夫球运动还有其他一些特点。这项运动对场地的要求超过了任何其他运动。一个标准球场的占地面积在一千亩左右，球场对草坪、水质、地貌，以及养护等，都有严格要求。仅从外围保护与内部养护看，高尔夫球运动对一个地方的人的教养水平、经济发展水平、环境保护水平等，都有着很高的要求。

其次，高尔夫球确实是一种很优雅的运动，它对运动员的着装、站姿、动作、行走等，都有详尽规则要求，所有要求的最终落脚点都是：既要健，更要美。高尔夫球运动的美，还体现在它无与伦比的场地。每一个高尔夫球场，都是一个美丽精致、各具特色的大公园。球场的选择，或河畔，或湖边，或山丘，或平原，地貌与景致各不相同。据说，世界上没有完全一样的两个高尔夫球场。打球与其说是在运动，不如说是回归自然，享受最好的绿地、空气与阳光。

再次，高尔夫球的优雅体现在了它的名称中——golf：绿色，氧气，阳光，友谊。这是一种融享受自然、享受友谊、享受健康、享受竞赛为一体的活动。有人这样概括高尔夫球运动的精神：礼仪、自律、诚信、公平、友谊。也有人概括为：自律、谦让、合作、友谊。这些概括都有道理。高尔夫球运动大多是在没有裁判员监督的情形下进行的。这项运动要求运动员必须主动为其他运动员着想，不能因走动、讲话、噪音而干扰他人打球。任何时候，运动员都要表现出礼貌谦让。

从来没有打过高尔夫球的我谈高尔夫球，只能说到这些了。

苏格兰人的优雅，还体现在英式下午茶文化中。喝茶是我们的国粹，中国的茶文化丰富多彩，世界知名。我对英国下午茶的关注，源自一种说法。很早以前就听说过，当有人问剑桥大学成功的秘密时，剑桥大学的一位校长回答：茶壶精神。这位校长认为，剑桥60位诺贝尔奖获得者的傲人成就，和剑桥校园的下午茶分不开：喝茶期间，学者们、学者与学生们可以悠闲自在、轻松自由地交流。许多精彩的思想与创意都是这种自在、自由交流的结果。

据说，英式下午茶起源于1662年。当时英国的凯瑟琳皇后很喜欢午后喝茶，人称"饮茶皇后"。皇室的爱好影响到了贵族圈，波及民众。18世纪后期，下午茶在全英国开始流行。维多利亚时代，英国茶销量占全球的四分之一，英国每年人均消费茶叶数量在2.5公斤，成为全球最大的茶叶消费国家。难怪英国流行这样一句话：当下午钟敲四下以后，世上的一切瞬间为茶而停。

茶这种来自中国的舶来品，到了英国以后，由宫廷、贵族到绅士、学者，再到普通百姓，走了一条自上而下的传播路径，从而让喝茶活动更具有优雅的气质和社交的功能。人们不仅看重喝什么，还看重和谁喝、怎么喝。茶同时在滋养着人的身与心。

高尔夫球文化、下午茶文化，以及英国人钟情的社团文化、观鸟文化等，是现代生活条件下英国人对于休闲生活的选择。市场经济、现代科技与现代社会治理等进步因素一旦形成合力，必然给人们带来更多的闲暇。而闲暇的出现，再次考验着一个社会的文明水平：如何度过闲暇时光？应该承认，苏格兰人在这方面做过健康的风气引领。

苏格兰所以能先走一步，一个重要的原因是，启蒙运动时期的苏格兰思想家们为这种进步做了观念上的准备。我在这里与读者分享休谟在几个问题上的观点。

文雅。休谟相信，随着商业化、工业化、城市化的到来，人们必然地会追求文雅。所谓文雅，不仅仅体现在人们的言谈举止中，还体现在人们的思维方式与做事方式中，如对事物的敏锐感受力和理解力，对文学与艺术的热爱，对科学的尊重，对公共事务的关注，人的善良等。文雅（politeness）一词包含了我们今天所讲的教养、素养等内涵。休谟讨论过与文雅相关的许多话题，如怎样才能成为优雅和快乐的人，什么是艺术鉴赏力的标准，学习历史的意义是什么，如何写随笔，等等。可以看出，在讨论很专业的政治学、经济学问题的同时，休谟没有忘记，政治改革与经济发展的落脚点，是人的修养的提升与人的精神生活的丰富多彩。

幸福。有关幸福的理论很多很多，有不少这方面的理论深奥莫测，不知所云。休谟这位大思想家是如何定义幸福的呢？休谟说，一切人类努力的伟大目标都在于幸福。幸福所包含的是舒适、满足、恬静和愉悦。休谟在另一处说，人类的幸福是由三种成分构成的：有所作为，得到快乐，休息闲散。这些话通俗到或许只有休谟这样的大家才敢说。这是典型的市民社会时代的幸福观。休谟反复谈这个话题，说明他的读者关注这个话题。与古今有关幸福的理论比较，休谟的观点没有导师式的深刻、圣人式的高大，有的，或许是爱丁堡街头的大小业主们所认同的普通与实在。

奢华。这个词不为农业文化所容忍。在农业文化氛围下，越节俭越好，不消费更好。然而，如果人们没有旺盛的消费需求，商业就没有活力；而没有商业的活力，就缺少企业在管理与技术上的创新；没有企业的创新，就减弱了就业需求和财富积累；也就影响到城市化的进程，影响到教育、医疗、交通等公共事业的发展。休谟谙熟这种关系。休谟尊重这样的事实：凡条件可能，人们都会追求爱丁堡高尔夫球场。

  这是爱丁堡亚瑟王座南侧的一个高尔夫球场，紧邻爱丁堡大学学生宿舍区。我们住的酒店就在球场附近。球场是自然与人文的完美结合。它尽可能保留了场地的原始状态：茂密的树、高低不平的地面、不规则的周边围栏，看上去一切都顺其自然。同时，它对草坪、浇灌用水、地貌平缓度等指标的要求非常精细，对管护与使用的要求非常严格。

消费更讲究些,生活条件更舒适些,生活方式更雅致些。休谟要追问的是,这些追求是人的天性吗?是幸福的构成元素吗?如果是,那就应该承认、尊重、满足与引导。

休谟以极其理性的态度讨论奢华这个极其复杂的话题。休谟讲道:"奢华是一个含义不确定的词,既可能是褒义的,也可能是贬义的。道德家们常常对奢华加以谴责,认为它是一切腐化堕落、混乱、纷争的根源。"休谟站在人性和商业的立场上看问题。商业社会的特点是交往、交流、交换。无所不在的"市场"在激活、唤醒人们的人性需求,包括对讲究、舒适、雅致的需求。商业社会在顺应、满足人性需求的同时,也促进了物品质量的提高、生活条件的改善、经济的繁荣。休谟说:"在一个国家里,如果没有对奢华物品的需求,人们就会怠惰,不知道什么是生活的欢乐。这对公共事业也是不利的。"

没有人对社会的繁荣昌盛持怀疑态度,事实上那正是人们的期待。然而,繁荣昌盛既是追求奢华的结果,也是追求奢华的原因。追求经济上的繁荣昌盛,就是追求生活上的奢华与幸福。休谟坚持,即使奢华可能走向过头,也因该选择"两害相权取其轻"的策略。因为"奢华如果过分,就会成为许多弊端之源。但是,一般说来,它总还是比懒惰怠慢要好一些。懒惰怠慢很顽固,对个人和社会都有害"。

这里不是对休谟的商业社会理论做系统、学术的讨论,我看重的是休谟等苏格兰思想家们对商业文明的极其敏锐的感受力、洞察力与判断力。他们在现代化初露端倪的时候,就感受到了人们的价值观念、生活方式将要发生的巨大变迁，就开始为这种变迁做观念和理论上的准备。从二百多年来的现代化进程看，休谟们是对的。他们的思考与表达，为正在出现的商业社会、市民社会、消费社会等，既提供了理论上的支撑，更确立了观念上的自信。他们做了思想家该做的事。这是极其难能可贵的。

后发的现代化国家，常常陷于观念与事实的不同步、不匹配、不协调的纠缠与煎熬之中。现代技术快速改变着人们的物质生活，传统观念又牢牢控制着人们的生活观念。一方面，人们大踏步地走入了商业化、工业化、城市化的现代社会；另一方面，人们又用农业社会所形成的价值观念来评判眼前发生的一切。是要回到农业社会的旧标准，还是要建立现代社会的新标准，这或许是问题的关键。

## 在正义和仁爱之间

正义和仁爱，是人类永恒的价值追求，从古到今，从东方到西方，没有例外。但是，正义与仁爱孰轻孰重？在不同场合、不同文明里，答案是有所区别的。在维系亲戚、朋友之间的关系时，可能是以仁爱为主；当排队买票、参加考试，或者签订合同时，人们首先看重的是正义。在巩固已有政权、保障社会平稳的年代，人们讲仁爱多一些；在推进制度转型、追求社会进步的变革时代，人们讲正义多一些。一般来讲，农业文明传统更喜欢仁爱，商业文明传统则更看重正义。

在休谟的视野里，正义是一个绕不开的话题。

因为这次苏格兰旅游是自由行，所以我特别关心在苏格兰期间的住宿、乘车、游览、购物等，是否有规矩、有秩序，是否有安全感。这种关切很有代表性，凡与非亲非友的人打交道，凡走入陌生人圈，都会有这种心态，游走于异国他乡时尤其如此。我们对他人的需要与期待，首先是讲规则、守承诺，其次才是仁慈、慷慨。

从我的亲身经历看，苏格兰的秩序与安全是可以信赖的。许多小事，经历的时候很不在意，事后回忆时很是欣慰。我们去过几个很小众的乡村和景点，在这些地方几乎看不到游客，更看不到亚洲人或非洲人。虽然如此，我们没有一丝的不安，似乎一切都可以信赖。有一次向一位出租车司机了解从爱丁堡到圣安德鲁斯的租车价格，她脱口即报价，很坦诚、很自然。后来我从网上看到的价格，和这位女士所讲的完全一样。我和曾在赫瑞—瓦特大学工作过的侨胞朱老师交流时，她觉得，这里的生活，好处是简单，不好之处是太简单。她前不久带刚刚高中毕业的儿子回国小住一段，发现她的儿子与国内同龄人比，太单纯了。

良治社会应该都是这样。这种现象可以简单地解释为人的素质高，但这样的解释不完全能说明问题。当你初遇一个人时，感觉他很热情、很善良；而当你要和他合作办一件事情时，可能感到他是一个很随意多变、没章法、没规矩的人。当你需要帮忙时，他会慷慨出手；而当他该缴税费、付电费时，他会一拖再拖。他和你饮酒喝茶时，从不吝惜时间；而当他参加会议或赴约时，他总不把迟到当回事。他对帮过自己的人感恩戴德，而当他遇见一位不相识的科学家时，他没有任何敬重之意。他送你自己种的蔬菜时，一定是不打农药、不施化肥的,而转身卖给陌生人的,一定是施肥施药的个大色好的。这是体现在日常生活中的仁爱与正义,也是对这两个抽象概念的通俗描述。

这样的人仁爱有余正义不足。这样的人占比很大时,社会就难有秩序感与安全感。其原因是,公共概念、规则意识等现代文明的种子没有在这里生根开花。

公共概念衍生出了规则意识。公共社会的基本保障就是规则。现代治理的最大特点就是规则治理,即所谓从人治走向法治。在查看苏格兰启蒙运动的资料时,我注意到一种现象:苏格兰有设计、制定规则的传统。他们似乎很早意识到,只要是公共性的活动,或者公共性的事务,就需要制定行为规则,做事标准。只有这样,才能协调大家的行动,才能有分工、有合作地做事,才能体现公平正义,才能限制人们的私欲,才能更好地实现人们的善良愿望。上文讲到,苏格兰高尔夫球运动所以影响最大,一个重要原因是苏格兰人制定了科学可行的高尔夫球运动规则。没有规则,就没有游戏。规则水平决定了游戏的生命力,社会治理也是这样。苏格兰人谙熟这些道理。

我再举两个例子。一例是工程师马卡丹为修筑公路立规则的故事。工业革命初期制造业与商业的快速发展,凸显了道路的重要性。这个问题很快进入了苏格兰工程师马卡丹的视野。约翰·马卡丹(1756—1836)比瓦特小二十岁,是苏格兰工业启蒙运动的重要人物之一。他解决问题的切入点是制定修筑道路的规则与标准。在考察了近三千公里的各种道路后,马卡丹发现,道路上的碎石被车轮和马蹄反复挤压时，形成的沙砾挤进了道路，使道路变得更加结实坚硬了。根据这些研究，马卡丹设计了道路规则与标准：用碎石铺路，中间部位偏高，便于排水，路面平坦宽阔。

这是最早的筑路规则与道路标准。以后的柏油路、高速路等，无不受马卡丹思维和马卡丹标准的影响。为纪念这位工程师，人们将这种碎石路称为马卡丹路。有一种说法，这种路在19世纪末引入我国上海以后，上海人简称马卡丹路为马路。

另一例是传教士诺克斯为办教育立规则的故事。约翰·诺克斯（1505—1572）是苏格兰的"马丁·路德"，在苏格兰历史上享有重要地位。他早年就读于圣安德鲁斯大学，学的是文学专业。但他的志向在神学，并将一生全献给了苏格兰宗教改革事业。我在爱丁堡大学新学院看到过诺克斯的雕像，在皇家英里大道参观过诺克斯旧居。苏格兰人对诺克斯的敬仰可见一斑。

从我所关注的角度看，他是一位杰出的教育家。他的教育家地位，不是源自他的教育生涯，也不是源自他的教育思想，而是源自他为办教育而立法的实践。在他的《第一训导》一书中，诺克斯提出建立全国性教育体系的计划：在每个教区建立一所学校，在每个较大的城镇建一所学院或大学。这可能是最早出现的普及教育的构想。1696年，苏格兰议会通过了《兴学法案》，将诺克斯的构想具体化和制度化。法案规定了每个教区建校的具体要求、教师工资标准等。

从此开始，苏格兰的中小学教育始终处于欧洲领先的水平。资料显示，早在1750年，苏格兰男子的识字率就达到了75%。这个数字很重要，也很可信，因为它与同时期的其他文化现象相匹配，如苏格兰大学的教学质量，苏格兰出版业的快速发展，各种学术著作的广泛传播。1763年的爱丁堡仅有六万人口，出版社就有六家，平均一万人就有一个出版社，这保证了人们有书可看，也说明了有人想看书。出生在乡下的诗人彭斯，少年时代就能读到莎士比亚、蒲柏的文学作品，还有洛克的哲学著作和波义耳的化学讲义，可见当时图书的普及程度。

我对这段历史很感兴趣。中小学教育的普及，是全部现代文明的基础，其中的道理不需要多讲。多数国家在19世纪、20世纪相继普及了义务教育。苏格兰在这方面所以做得更早更好，不能简单解释为苏格兰人重视教育。即使在很古远的农业时代，欧洲、亚洲的绝大多数国家都有重视教育的传统。苏格兰的秘密在于苏格兰人在推进公共事务过程中的规则意识与制度意识。在多数国家普及基础教育五百年之前，诺克斯就提出了普及教育的建议。几十年以后，他的建议就变成了苏格兰议会的法案。有学者把苏格兰的《兴学法案》看作是世界上义务教育法的起源。

休谟为这种现代意识的形成，做了一个思想家应做的贡献。

休谟说："当武器压倒法律时，英勇就排在正义之前，成为最值得尊重的德行。"这句话可以理解为，继强权、武力、暴政的野蛮时代以后，人类将进入以法治为特色的文明时代。这个时代最值得尊重的德行，就是正义。

休谟说："没有正义，社会必然会立即解散。"

他的好友亚当·斯密有更为形象的表述："行善犹如美化建筑物

的装饰品，而不是支撑建筑物的地基。正义是支撑整个大厦的主要支柱。如果移走了这根支柱，人类社会巨大宏伟的结构，必定顷刻间坍塌。"这些话可以理解为，仁慈比正义更美好，爱比正义更有吸引力，但它们不是公民的基本义务。在公民社会与公共生活中，人们首先应该关注的，是基于正义原则的行为底线与行为责任。人的教养首先体现在他知道不能做什么、能做什么，以及他为自己的行为所要承当的后果。这就是法治、正义的体现。

休谟说："公共利益是公正的唯一根源。""人们要互相进行交往，就必须有规则。"这些话可以理解为，有公共生活，就有公共利益，也就有了正义。正义的体现形式就是规则。休谟讲到，人们在路上行走互让时，也不能没有规则。

休谟说："尽管组成政府的人有着人类的一切缺点，但政府却是一个能够想象出的最精巧、最细致的发明。"这句话可以理解为，政府的意义不在于组成政府的人，而在于保障政府运行的规则体系。保障政府治理水平的关键，不在于政府官员的德或才，而在于政府的制度设计的科学性与先进程度。既科学又先进的制度会使公职人员更廉洁、更尽职，千疮百孔且观念落后的制度，会使公职人员更贪婪、更懒惰。

正义体现在规则体系中。休谟提出三种性质的规则：保护个人所有物的规则、个人所有物的交换规则、信守承诺的规则。个人所有物既包括个人财产，也包括个人创造物，如作家的作品，建筑师的设计，即我们今天所说的知识产权下的个人财富。明晰地界定个人所有物的概念，是良治社会的起点。当人们能清楚地表达出"那是你的，这是我的"的时候，能自觉地尊重他人所有权的时候，能合法地和没有后顾之忧地为增加自己的所有物而努力的时候，这就是一个正义的社会。休谟说，占有财产的欲望对人生的影响最大。因此，正义的首要规则就是保护个人财产。

如何评价休谟的正义思想呢？

休谟的立场是，不要总在难为人性，不要总是考验人性。让人人成为圣人、贤人的愿望确实很美好，但永远不可能成为现实。休谟假想过，若社会发达到应有尽有、人们高尚到无私无欲，正义就没有任何存在的必要了。然而，那是不可能的。每一种农业文明都高度赞美善良愿望，都以善良愿望为目标，勾画出了各种版本的理想人格与理想社会。为了这种理想的实现，人们在政治、经济等各个方面都做过无数可歌可泣的努力。现代以前的历史，几乎就是一个个从乌托邦构想到乌托邦幻灭的历史。

休谟他们试图探索另一种选择：在继续教化人性的同时，建立现代规则体系，包括政府的行为规则、企业与商业的行为规则、人们在公共场合与社会交往中的行为规则等。规则让人清晰明了地知道，什么能做，什么不能做；让人们在行动之前就知晓违反规则所要付出的代价。至于更美好的仁爱行为，应该是人们基于良知的自觉选择。这就是正义优先的价值追求，它既尊重人性、满足人性，又约束人性、规范人性。这样的社会，正义在兜底，仁爱在添花。

这里分享胡适的一段话。胡适说过："一个肮脏的国家，如果人人讲规则而不是空谈道德，最终会变成一个有人味儿的正常国家，道德自然会逐渐回归；反之，一个干净的国家，如果人人都不讲规则却大谈道德、谈高尚，天天没事儿就谈道德规范，人人大公无私，最终这个国家会堕落成为一个伪君子遍布的肮脏国家。"这段话说得有点过激，但反映了胡适的价值追求。从农业社会走出来的文明，必须处理好仁爱与正义的关系，以期让仁爱做仁爱的事，让正义做正义的事。

结束这个话题之前，需要回应在亚当·斯密部分留下的一个问题：斯密现象。我以斯密现象为例，再谈谈正义与仁爱的关系。斯密的为人很有修养，很有爱心，但他一生都在为正义社会的建设而探索。我把斯密现象的问题提炼为：

问题一，是仁爱通向正义，还是正义通向仁爱？

问题二，困扰人们的种种不道德现象，到底是缺乏仁爱所致，还是缺乏正义所致？

问题三，若要建立一个既仁爱又正义的社会，最好从何处入手？

专业性的研究留给专家，我只能谈点看法。大家都熟悉两个人分吃苹果的故事。分吃一堆苹果的办法有两种：一种是仁爱法，一种是正义法。前者讲究礼让，后者讲究公正。礼让必须教化先行，先让每个人都懂得爱，懂得谦让。从逻辑上讲，这种分发的可能结果有几种：一种是每个人都恰到好处地把握住了爱的分寸，人人都分到了苹果；一种是人人都高尚地讲爱，最后人人都拒绝拿苹果；一种是不讲仁爱的人、虚伪的人占了便宜；还有一种可能，人人都没有教化好，只能大打出手了。这是仁爱法的可能后果。

正义法对人性的评估不高，承认人人都想吃苹果，且人人都想因弗拉雷城堡全景。

　　这是位于格拉斯哥以西的因弗拉雷城堡。城堡主人阿尔盖公爵一家深受当地人的爱戴。这个城堡的与众不同之处是，城堡主人一家现在还住在这里，主人现在使用的房舍都在游客的参观范围内。

　　我有感于英国文化的一种现象：上层社会的价值观念、生活方式对公众有很大的影响，公众又以欣赏和尊重的态度看待对社会进步做过贡献的贵族和绅士。

多吃苹果这样的事实。为了限制私欲，保证人人都能吃上苹果，正义法把让人人都能满意的宝押在规则上，而不是高尚精神上。有两种权利决定了分吃苹果的结果：一是分苹果的权利，二是第一个取苹果的权利。那么，最好的选择就在于权利的分配和权力的制衡：享有分苹果权利的人不能第一个取苹果，而享有第一个取苹果权利的人不能分苹果。只要两人都承认这个规则，正义法可能的结果只有一种，各自得到了公正公平的一份。

问题还没有结束。如果一定要追求既有仁爱又有正义的社会呢？有两个小朋友在一起玩，各自都有一件很好的玩具，而两个人又都想玩对方的玩具。怎么办呢？解决这个问题时，首先要对人性做出判断。如果相信人性是无私的，那就没有讨论这个问题的必要了，两个小朋友都慷慨友好地把自己的玩具送给对方。但事实并不一定是这样，如休谟所讲，人本自爱。那么，解决问题的可能路径是，首先，让两个小朋友明白，自己的玩具就是自己的，别人的玩具就是别人的。未经对方同意，不能玩别人的玩具。两个小朋友可能选择自私到底，不让别人碰自己的玩具，自己也无法碰别人的玩具：自私的恶果自己吃。如果两个小朋友选择协商交换的办法，他们就尝到了同情共感、互惠互利的甜头，共享玩具，其乐融融，既享受到仁爱，又拥有正义。但是，无论如何，前提是不变的：你的是你的，我的是我的。

从仁爱情感发展到仁爱行为的距离是比较近的，而从正义情感到正义行为的距离则是比较远的。正义的基础是人的权利、社会公正等更基本的问题。正义感要转化为正义行为，需要在逐渐磨合、反复试探的基础上形成可行的规则体系。正义感的体现就是规则行为。

规则是一个通俗的概念，它小到小组讨论问题的程序，大到国家的制度、法律，以及国际上的各种宪章、公约。凡规则，不论大小，必须体现对人的权利的尊重，必须体现公正公平，必须体现褒奖与惩戒的平衡，必须体现规则之间的协调。我把这些特点概括为规则的先进性与科学性。在现代社会，一个国家的规则设计水平与规则实施水平，国民的规则信赖水平与规则遵守水平，就是这个国家的文明水平。

从这个意义上讲，我们会认同休谟的观点：没有正义，社会必然会立即解散。

## 在情感和理性之间

看到这里，读者大概能猜想到休谟对这个话题的态度。

这位性格温和、文风也温和的哲学家，在情感与理性的关系问题上，却有着石破天惊的观点："理性是，也应该是情感的奴隶。"有人讲，这句话颠覆了两千年来的哲学传统。其实何止哲学传统，这句话甚至颠覆了所有人的常识。

这样的价值观诞生于二百多年前的苏格兰。今天的苏格兰人认同这样的观点吗？如果认同，这种情感至上的价值观会带来什么样的生活方式？这样的生活方式够得上现代化吗？

我先从苏格兰中小学生的生存质量说起。在去苏格兰之前，我

> 格拉斯哥大学亨特博物馆的藏品。
> 守护家园的小鸟。

　　这是格拉斯哥大学亨特博物馆的藏品：一个完整的雀巢，一只美丽的喜鹊。这组标本给人的感受是复杂的。英国的鸟类标本收集、鸟类学研究一直处于世界领先地位，大众性的观鸟活动更领风气之先。然而，工业化对这只生活在城市里的喜鹊而言，是喜忧参半。筑巢大量使用铁丝等建筑工地的材料，它的连黏性与保温性能有保障吗？

为什么是苏格兰

有幸读到了吴晓玲教授的新作《田园牧歌——苏格兰小学教育的生态与细节》。吴老师供职于南京师范大学，近年曾多次去苏格兰访学和考察。她的《田园牧歌》一书，以苏格兰小学教育的生态与细节为切入点，全面介绍了苏格兰小学教育的现状。全书既有很感性的描述，又有很理性的分析，是一本难得的了解苏格兰小学教育的好书。我是通过吴老师认识思克莱德大学的大卫先生的。从苏格兰归来再读《田园牧歌》，我佩服吴老师对苏格兰中小学教育精华的准确把握。如果用一个词来概括苏格兰中小学的特点，那就是：田园牧歌。

在格拉斯哥期间，由大卫先生协调和陪同，我和正在思克莱德大学访学的王伟老师一起，先后参观了格拉斯哥的三所小学和一所中学。非常感谢这些学校的校长、教师和同学；有他们的热情接待和周密安排，我才能够有机会深入了解苏格兰中小学教育的现状。有关苏格兰中小学教育的话题，我希望另文专门讨论，这里主要想谈的是这些学校学生的生存质量情况。

和校长、教师们交流时，他们最愿意谈论的是学生的所谓"well-being"，包括学生的健康、快乐、幸福等的生存状况，《田园牧歌》一书将"well-being"译为"幸福权益"。学校把学生的幸福权益的落实，看作是全部工作的宗旨。苏格兰政府用八个概念描述学生幸福权益的指标：安全、健康、积极参与、被接纳、被尊重、被教养、承担责任、有所作为。我们在几所学校的校园和课堂上，看到了这些指标的落地情况。教室、走廊的墙上，到处都是学生的各种学习成果展示。红红绿绿的照片、图表或文字，看上去很乱，也很丰富多彩。学校很看重学生学习成果的展示与共享，而不是分数的高低，更没有对分数进行排队。在一所小学参观时，正巧碰上了全校学生的展示活动，主题是对身边社会问题的研究和解决。教师、家长和学生台下围坐，学生以小组为单位，轮流上台展示小组的问题解决方案。听众用投票的方式，及时对方案做出评价。台上台下都很投入。

当然，我和华老师讨论最多的，还是他们的课堂。差不多每节课上，老师先简单明了地说明本节课的学习任务，然后就开始组织和引导学生开展各种学习活动。学生在课堂上很轻松自在。有的学生很投入，有的学生几乎没参与小组讨论，开小差现象很平常。从学生们的眼神里，能看到他们的轻松感与安全感。教师对这些现象习以为常，视而不见。他们的解释是，很难给那些没有积极参与活动的学生下结论。他们或许在不经意中慢慢能找到感觉，发现兴趣。一旦如此，在他们身上常会出现"爆发"式的进步。到那时，学生自然知道该怎么做。学习是一种成长，需要等待。

这真是田园牧歌式的生活！观察一个地方的文明程度，一个很好的窗口就是中小学生的生存质量。当家长和学校不把学生看成争体面、争荣誉的工具，不把学习看成改变命运的手段，不把自己的选择强加给学生，不认为学习就必须头悬梁锥刺股时，这样的学校就接近田园牧歌了，这里的学生就well-being了。

其实，田园牧歌可以概括苏格兰人的全部生活。学问在下午茶的观念碰撞中做，生意在高尔夫球场的技艺切磋中谈，创意在艺术节的活动里萌生……苏格兰人似乎更欣赏这样的生活。慢生活理念弥漫在城市和乡村的每个角落。艺术生活化，生活艺术化。创新、格拉斯哥植物园。

　　这是格拉斯哥植物园的一角。早上的植物园属于市民，下午的植物园属于大学生。如果欧洲人悠闲轻松的慢生活理念没有影响到欧洲社会的创新水平、发展节奏的话，那就是一个很值得研究的现象了。

创业、进步、发展依然是追求的目标，但它们完全可以与文雅、幸福、兴趣、享受共存共荣。我在格拉斯哥期间，每天下午都去宾馆附近的植物园散步。这个植物园位于格拉斯哥大学校区和宿舍区之间。从下午到晚上，植物园属于大学生。偌大的草坪，难找到一块空地。读书的，讨论的，聊天的，发呆的，嬉戏的，谈情说爱的，应有尽有。大学生们的这种生活状态，或许很有代表性。

当年启蒙运动时期的哲学家们，为今日苏格兰人的这种价值观和生活方式的形成，做过什么样的贡献呢？

休谟功不可没。哲学界常有人说，休谟的思想最具有现代性。还有人说，如果在启蒙运动的思想家中找一位最能代表启蒙精神的哲学家，休谟是不二人选。我同意这种看法。休谟的哲学思想，与他的经济、政治理论比较，要复杂深奥得多；同样，休谟哲学思想引发的启示和引起的争议也更多。这些都是事实。同样也是事实的是，争论归争论，休谟哲学思想已经从书本走向公众，成为苏格兰的文化基因。

我围绕情感与理性的关系这一主题，谈谈休谟的几个主要哲学观点，以及这些观点的启蒙意义。

休谟那代人都以牛顿为精神导师。休谟希望像牛顿那样，找到一种科学的方法，建立全新的人性科学。他的第一本书也是最有影响力的著作，书名就是《人性论》。人性是休谟哲学的出发点和落脚点。绝大多数哲学家都是站在理性的立场上看待人性，都把人先入为主地定义为是伟大的、高贵的、神圣的存在。休谟哲学的全部结论由他的立场所决定。他从科学家那里获得信念，从感性出发来研究人性。

休谟坚持，人的一切认识活动、一切认知结论都是从感性开始的。所谓感性，就是感觉、观察、实验、经历、体验等。可以用"经验"一词统称这些概念。经验是人的知识的唯一来源。理性很重要，比如，人需要对感受到的事实进行分析、概括、推理、判断。但是，理性所处理的所有材料，以及最后证实理性结论的依据，全是经验，这是认识意义上的感性。这种崇尚经验、实践的哲学观念，与科学领域中正在形成的观察现象、观测变化、收集事实、验证假想等科学研究方法，相互支撑，相互呼应，形成充满现代性的时代思潮。

同时，当人们开始实际生活时，所谓感性，就是需求、欲望、激情、爱、好奇、幸福、成就感等。可以用"情感"一词统称这些概念。若要满足这些人性需求，必须借力于理性，比如，人要分析因果，权衡利弊，制定规则，保障秩序等。没有理性，人或人类都不可能存续，更无从谈幸福。但是，理性是、只能是情感的工具。没有情感需求，理性就没有存在的价值。人的一切理性活动的最终目的，就是最大可能地满足人的情感需求。

这是一种彻底的人本主义。休谟的这一思想，给人类的终极追求以全新的定位。人类的伟大在于人类有理性。人们发现了无数知识，发明了无数技术，设计了各种规则体系，形成了各种道德规范。所有这些，都是理性的产物。但是，它们之所以能出现，之所以被改进，之所以被认同，根本的原因是它们在服务于人性需求。人性需求在左右着一切。社会进步的唯一动力，文明水平的唯一标准，就是人性需求的满足。

以上文字从两个角度讨论休谟的思想：一个是休谟所倡导的认识世界的方式，一个是休谟所倡导的情感之上的价值观。从学术角度看，二者属于两个不同的领域。我在理解休谟的时候，更愿意把两种理论放在同一种时代精神、价值追求上。休谟的上述两种理论都源自同一种价值观念，那就是尊重人性，以人为本。

休谟《人性论》一书的扉页上引用了罗马历史学家塔西佗的名言："当你能够感觉到你愿意感觉的东西，能够说出你感觉到的东西的时候，这是非常幸福的时刻。"所谓幸福，必须是能被人感觉到的，如自豪感、成就感、安全感、舒适感、快乐感等。感觉迟钝的人，无从谈幸福；感觉越丰富的人，才越会有幸福。

休谟说："最活跃的思想比起最钝暗的感觉，也是逊弱的。一切感觉都是强烈的、活跃的、精确的。"因此，休谟说："我们离开了观察与经验的帮助，那我们便不能妄来决定任何一件事情，妄来推论任何原因和结果。"这是从如何认识世界的层面上看问题。感觉、经验以外，就是权威、独断、臆想、教条、教导、简单类比、书本知识，等等。休谟理论的意义在于要撕去蒙蔽，开启光明，让人去看世界的真相——这就是"启蒙"的本来意思。感觉、经验，就是认知之光。人们借助感觉和经验，才可能开启全部的认识活动。休谟为现代以来的科学精神、科学方法提供了哲学依据。科学实验的兴起、科学标本的收集与制作、科学观察的出现、社会调查与田野考察的被重视、决策前的实验或试验、决策时对事实与数据的关注等，从自然科学到社会科学，从学术研究到行动决策，无不体现着休谟经验至上的思想。

休谟的下面这段话，被后世学者反复引用：

"当我们拿起一本书时，我们可以问，其中包含着数和量方面的任何抽象推论吗？没有。其中包含着关于实在事实和存在的任何经验的推论吗？没有。那么，我们就可以把它扔在大火里，因为它所包含的，没有别的，只有诡辩和幻想。"

如果不加说明，很难相信这样的思想出现在二百多年以前。《苏格兰——现代世界文明的起点》一书评论到，休谟清除了学术界的幻想，扫清了知识界自命不凡、假装圣洁的风气。

休谟最后想表达的是以下结论："总而言之，一个合理的推理者在一切考察和断言中，应该永久保有某种程度的怀疑、谨慎和谦恭才是。最完美的科学只是把我们的愚昧拦阻一时。"怀疑、谨慎、谦恭，是最本质的科学精神，也是现代人最基本的价值态度。经历了千百年的是是非非，曲曲折折，人们终于认识到，人的伟大、智慧、尊严，源自于人的怀疑、谨慎、谦恭。忘记了后者，就没有前者。

休谟所关心的，与其说是理性能做什么，不如说是理性不能做什么。在理性高歌猛进、几乎被人顶礼膜拜的启蒙时代，休谟异常冷静地告诉世人，理性是有限的，需要质疑的。理性一旦不加质疑，就像权利不受制约一样，同样要走向狂热、霸道和灾难。

如何才能让更多的人养成怀疑、谨慎、谦恭的态度呢？如何才能减少理性的自负呢？如何才能让理性真正成为情感的忠诚奴隶呢？

在经济领域，亚当·斯密的方案是建立自由市场，通过人们的自由、自主的生产与交换、比对与竞争，让市场这只"看不见的手"来调节价格，从而调节生产和消费，实现对需求的满足和对生产的刺激。这个过程有效遏制了以理性自居的权威、强力部门的计划或控制。如果观念领域也有这样的"市场"，也能让观念的拥有者与需求者自由、自主地交流、碰撞，那么，人们可以通过"思想市场"而呈现自己思想，分享自己的成果，同时也可以在交流、质疑、讨论中改进自己的思想。这个过程，是思想走向完善的过程，也是思想者走向怀疑、谨慎、谦恭的过程。

这就是与商品市场有异曲同工之妙的思想市场。可否建立思想市场机制，就像公司制度、大学制度那样，保障思想市场的存在与发展？

休谟他们提供的解决方案是建立学会、协会、俱乐部等旨在交流思想的社会组织。这样的组织在休谟那个时代的苏格兰几乎遍地都是。根据我所看到的资料，早在1723年，即休谟10多岁时，爱丁堡就出现了一个名为"农业知识改良者协会"的组织。其他还有火钳俱乐部、牡蛎俱乐部、镜子俱乐部、星期二俱乐部等。休谟曾经是格拉斯哥文学会的会员。据说，因为亚当·斯密在这个学会的一次活动中介绍了休谟的经济学思想，学会立即同意吸收休谟为外地会员，条件是休谟必须每年提交一篇文章。

休谟、亚当·斯密等学者们参与较多的俱乐部叫"精英协会"。这个协会的成员，除了休谟这样的知识分子外，还有医生、建筑师、军官、商人和律师。成立之初，学会仅有15人，最后发展到135人。休谟是精英协会中的活跃分子，曾多次做过轮值主席。协会每周都有活动，活动地点在爱丁堡的一家图书馆。协会讨论过的话题涵盖了社会生活的各个方面，如妇女风俗问题、影响国民性的主要因素问题、人的品位问题、红葡萄酒与烈性啤酒问题、亚麻布生产问题，等等。休谟还曾为学会策划过一个奖励计划，奖励为艺术、科学和制造业发展做过贡献的人。学会采纳了休谟的建议。会员们制作募捐箱，走上街头向社会募捐奖励资金。

这些发生在近三百年以前的故事，就像是今天某个城市正在发生的事情一样，很鲜活、很现代。说"苏格兰人发明了现代世界"，应该是有道理的。当然，现代意义上的协会、学会、俱乐部这类社会组织的发明，英国、法国、荷兰等欧洲国家都做出过重要的贡献。我之所以要花笔墨谈这个话题，主要想表达以下几个方面的意思。

其一，一个国家或地区只有出现了协会这类组织，才可以说这里进入了现代社会。在农业文明时代，国家的构成，主要是国和家。要么是国，要么是家；在国与家之间，不存在所谓的社会。因此，从农业文明走出来的人，可能很爱家、很爱国，但可能很缺乏社会意识。学会一类的社会组织，是真正意义上的社会。这是英文"社会"（society）一词的最基本的含义。

其二，协会一类组织有很强的现代性色彩。比如，它基于个人自主选择，这与家、国完全不同。家也好国也好，个人是无法选择的，而个人可以依据自己的兴趣、职业等需求，很理性地选择适合自己的社会团体。比如，它是契约性的，参与成员有缔结条约、修改章程的权利，也有遵守规则的责任。如果社团让你失望，你有退出社团的权利。再比如，它是职业的必要补充。在社团里，你可以更好地施展你的特长,更愉快地度过你的某段闲暇,更自由地选择志同道合的朋友。

其三,学术性的协会组织,有着"思想市场"的功能。好的思想、观点或理论,是在宣讲、倾听、质疑、解释、吸纳、辩论、争吵中形成的。哪里有成熟的学术交流机制与组织,哪里才可能有成熟的学术。只要承认知识源于经验,就必须承认知识的相对性。"绝对正确"是不可能存在的,因为人的经验永远是有限的。要保证人们的怀疑、谨慎、谦恭,最好的办法就是让人们走进"思想市场"。像商品市场一样,思想只有更好,没有最好。

关于休谟思想的介绍,到此告一段落。

在结束休谟思想之旅后,我们再回到思想家的人生之旅。本章开头谈到,据说摸了休谟雕像的脚,就会让人更智慧。爱丁堡街头的名人雕像到处都是,唯有休谟那只脚趾头金光闪闪。读过休谟著述的人不能不承认,休谟确实是个智者。休谟所思考过的问题,差不多囊括了社会科学的所有方面——现代社会已经少有这种百科全书式的人物了。

休谟的学问做得很潇洒,他的人生也算得上潇洒。休谟24岁就写就了成名作《人性论》,后来做过短暂的家庭教师、随军秘书、使馆秘书等职务。由于他是一个坚定的无神论者,因此几次试图谋求格拉斯哥大学、爱丁堡大学的教职都没能成功。关于这些故事,浙江大学张正萍博士曾在《读书》杂志上发文《一把辛酸泪——休谟的大学求职路》。仅看这篇文章的标题,就能想象到休谟所遇到的麻烦。但休谟对此并不是很在意。最让休谟满意的一份工作,是苏格兰律师会图书馆馆员。"这个职务的薪水很少，不过它却使我可以任意利用一个大图书馆。"休谟很惬意地回忆到。

　　这个职务成就了作为历史学家的休谟。他在此写出了著名的《英国史》。这部著作在当时的影响远远超过了他的其他著述。法国启蒙运动领袖伏尔泰对这本书的评价是："《英国史》的声望没法再高了。它也许是迄今为止用任何语言写成的历史中最好的一部。"声誉与收入同时光临，休谟从此过上了衣食无忧的生活。当然，缺憾还是有的。这位全欧知名的文人，有过几段感情经历，但一生未婚。在这个问题上，不知道是休谟影响了斯密，还是斯密影响了休谟。

　　造物主给了休谟智慧，但没有给休谟长寿。休谟的生命结束于65岁。哲学家很清楚他的日子不多了，在去世前的四个月，他为自己写了简洁、幽默、谦逊的小传。有人评价，休谟自传像似一份检讨书，处处都在反省着自己的不足。四个月以后，他安详地告别了他爱过的这个世界。

　　我们用休谟的终身好友亚当·斯密的一段话结束本章：

　　　　我们最优秀的、永远也不会忘记的朋友去世了。我认为，无论是他的生前，还是直到他去世，他已经在人性的弱点所能允许的范围内，最大可能地接近成为一个具有完美智慧和品德的人。

# 后　记

写在后记里的话，常常是最想说的话。

古人云：读万卷书，行万里路。这确实是经得起历史考验的千古名言。我在这里做了一种新的尝试：且读且行，且行且读，让读书和行路融为一体。我力图从现实回看书本，用书本读懂现实。于是有了读者手头的这本在行走中思考、在思考中行走的游记。本书初稿在去年11月写就，正文中的"今年"指2019年。

能生活在我国的千年未有之大变局的关键年代，能目睹和参与我国的日新月异的现代化事业，真是幸运！此时此刻，走出国门，去那些已经实现了现代化的国家看看，既是养心养生的休闲，也是且行且思的学习。既然是旅游，那就是为美景而来，因此，我的所看所思所写，都是好的、有用的、值得带回来的。这是本书的宗旨。

后记的主题词无疑是"感谢"。我首先要感谢的是众多的学者。本书使用了学者们的许多史料和观点。因为是游记，没有一一说明。我把学者们的原创性成果，用尽可能有可读性的形式加以组合，通俗表达，以期让更多的读者有机会读到、读懂学者们的研究成果。

我要感谢为我的旅游和写作提供帮助的朋友们。南京师范大学的顾建军老师、吴晓玲老师，浙江大学的张正萍老师等为我牵线搭桥，帮我认识了苏格兰方面的各位朋友。正在苏格兰访学的南京师范大学华伟老师为我做了辛苦和出色的翻译工作，陪同我完成了在格拉斯哥的各项座谈、参观活动。

与格拉斯哥大学的贝里教授的相识，是我的荣幸，本书吸纳了教授的许多观点。思克莱德大学的大卫教授是我的新朋友，也是中国国内许多教育同行的朋友。他的友善、热情和睿智，给我留下难忘的记忆。我们有约：中国见！

因友谊，也因相通的观念与追求，我的好友任武生老师、常学勤老师、安秀堂先生等为本书的修改、校对付出了辛苦，更付出了智慧。是他们的热情帮助和一再鼓励，给了我写这本书的持续动力。

我借此机会再次表达我对商务印书馆的真诚谢意！该馆为我国从传统到现代的文化转型事业做过功不可没的贡献，历史不应该被国人忘记。商务印书馆编审冯爱珍是我的朋友级的合作伙伴，没有她的鼓励和指导以及高水平的润色和改校，就没有本书的出版。我还要感谢为本书的出版而付出辛劳的编辑、设计师等出版社的各位朋友。

最后要感谢的，是读者朋友。如果本书能给您带去一点点的知识，或能引发您一点点的思考，那是我最大的心愿。

张卓玉<br>
2020年3月20日

# 主要参考书目

《苏格兰启蒙运动中的商业社会观念》,(英)克里斯托弗·贝里,张玉萍译,浙江大学出版社,2018。

《工业启蒙》,(英)彼得·琼斯,李斌译,郑念校,上海交通大学出版社,2017。

《苏格兰——现代世界文明的起点》,(美)阿瑟·赫尔曼,启蒙翻译所译,上海社会科学院出版社,2016。

《现代世界的诞生》,(英)艾伦·麦克法兰,清华大学国学研究院主编,世纪出版集团上海人民出版社,2013。

《十五至十八世纪的物质文明、经济和资本主义》,(法)费尔南·布罗代尔,顾良、施康强译,商务印书馆,2017。

《远方的陌生人:英国是如何成为现代国家的》(美)詹姆士·弗农,张祝馨译,商务印书馆,2017。

《田园牧歌——苏格兰小学教育的生态与细节》,吴晓玲,江苏凤凰科学技术出版社,2017。

《彭斯诗歌精选》,李正栓译注,清华大学出版社,2016。

《瓦特传》,(美)安德鲁·卡内基,王铮译,江西教育出版社,2012。

《亚当·斯密传》,(英)伊安·罗斯,张亚萍译,罗卫东校,浙江大学出版社,2013。

《大卫·休谟传》,(美)欧内斯特·C.莫斯纳,周保巍译,浙江大学出版社,2017。

**图书在版编目（CIP）数据**

为什么是苏格兰 / 张卓玉著. — 北京：商务印书馆，2021
ISBN 978 - 7 - 100 - 19290 - 3

Ⅰ. ①为… Ⅱ. ①张… Ⅲ. ①游记 — 苏格兰 Ⅳ. ①K956.19

中国版本图书馆 CIP 数据核字（2020）第267364号

**权利保留，侵权必究。**

为 什 么 是 苏 格 兰

张卓玉 著

商 务 印 书 馆 出 版
（北京王府井大街36号 邮政编码 100710）
商 务 印 书 馆 发 行
山西人民印刷有限责任公司印刷
ISBN 978 - 7 - 100 - 19290 - 3

| 2021年4月第1版 | 开本 787×1092 1/32 |
|---|---|
| 2021年4月第1次印刷 | 印张 8 |

定价：68.00元